TRAVEL SECRET

about

TIME

and

MONEY

咪游记 —— 著

这回事

有钱没时间

四川人民出版社

图书在版编目（CIP）数据

哪有没钱没时间这回事 / 咪游记著 . — 成都：
四川人民出版社，2017.11
ISBN 978-7-220-10284-4

Ⅰ.①哪… Ⅱ.①咪… Ⅲ.①旅游指南 – 世界 Ⅳ.
① K919

中国版本图书馆 CIP 数据核字 (2017) 第 180902 号

NA YOU MEI QIAN MEI SHIJIAN ZHE HUI SHI

哪有没钱没时间这回事

咪游记　著

责任编辑	陈　欣
产品策划	季思聪
装帧设计	@_叁囍
责任校对	舒晓利
责任印制	李　剑

出版发行	四川人民出版社（成都槐树街2号）
网　址	http://www.scpph.com
E-mail	scrmcbs@sina.com
新浪微博	@ 四川人民出版社
微信公众号	四川人民出版社
发行部业务电话	（028）86259624　86259453
防盗版举报电话	（028）86259624
印　刷	四川新财印务有限公司
成品尺寸	166mm×235mm
印　张	17
字　数	206 千
版　次	2017 年 11 月第 1 版
印　次	2017 年 11 月第 1 次
书　号	ISBN 978-7-220-10284-4
定　价	48.00 元

自序

　　去年有幸加入了"百国¹旅行家俱乐部"，这是世界上最难加入的俱乐部之一。其实它对会员只有一个要求，就是去过一百个国家（地区），不分高低贵贱，不论男女老少。那么，如何才能做到呢？时间和钱从哪来？因为很频繁地被问到这些问题，索性写下此书，告诉大家如何花小钱走遍世界。对大多数工薪族朋友来说，也不一定非要去一百个国家（地区），但是如果花不多的钱，就能带家人朋友去梦想中的地方度假，何乐而不为？

　　在过去十多年里，我们一直频繁旅行，到现在一共走了一百二十个国家（地区），我们计划在有生之年，能去尽量多的地方看一眼。因为热爱自然，忘情于山水，我们还投身各种各样的户外活动，比如冲浪、登山、背包穿越、攀岩、皮划艇、漂流、钓鱼、潜水、自由潜水、鱼枪捕鱼、滑雪、帆船，等等，感受天地广阔，结交四方好友。

　　从第一次迈出国门，到成为第一对一起走过一百国的中国夫妻，点点滴滴的经历不断在改变我们。世界上，一个人走过百国的男生很多，女生也很多，但夫妻俩一起走过百国的却很少。回想起来也并不容易，人生苦短，知足惜福，才会有真正的快乐。携手走遍世界，吃遍世界，有很多很多有趣的故事，这些回忆是一生宝贵的财富。所以我们尽量把它们记录下来，长期为很多媒体供稿，也在微博@咪游记、微信公众平台和大家交流，分享我们的

1　"百国"一词中的"国"实际上指"国家（地区）"。为了表述得更流畅，书中多处使用此词，指"一百个国家（地区）"。

经验与心得，希望喜欢旅游的朋友都能得偿所愿。

许多游遍天下的旅行家是专职旅行家，或者有了积蓄辞职去旅行，都有大段时间一直在路上。和他们不同的是，我们一直是朝九晚五的工薪族，假期和财力都有限，但是我们在长期的旅行中掌握了诀窍，如果聪明地去旅行，花较少的钱就可以享受高质量的假期。亲爱的读者朋友，请问您是否爱好旅游，但是又感觉没钱没时间？如果是，那么本书的攻略一定适合您。不必辞职去旅行，工作和旅行本可以达到平衡。如果您是有经验的旅行者，也不妨读读这本书，他山之石，可以攻玉。我们的经验，也许能令您的旅行更美好，更经济实惠。

在南怀瑾的《金刚经说什么》一书里，看到这么个故事。明朝有一个人，每天半夜跪在庭院烧香拜天，拜了三十年。有一夜感动了一位天神，天神对他说：你要求什么快讲，我马上要走。这个人想了想说：我什么都不求，只想一辈子有饭吃，有衣服穿，不会穷，多几个钱可以一辈子游山玩水，没有病痛，无疾而终。天神听了说：哎哟，你求的这个，此乃上界神仙之福。你求人世间的功名富贵，要官做得大，财发得多，我都可以答应你，但是上界神仙之清福，我没法子给你。

要说一个人一生不愁吃，不愁穿，有钱用，将世界上好地方都逛遍，谁做得到？

目录

contents

谁说工薪族
不能游世界

Part - I

[时 间 篇]

Part - 2

花小钱
走百国

[金 钱 篇]

Part - 3

机会只留给
有准备的人

[准备篇]

Part - 4

完美的
假期

「 出 行 篇 」

Part - 5

这个世界
如此美好

【 行 摄 篇 】

BEGINNING

谁说工薪族
不能游世界

哪 有 没 钱 没 时 间 这 回 事 //

提起工薪族，大家就会联想到朝九晚五、压力重重等形象。每回我们说自己是工薪族，不辞职游世界，很少有读者会相信，反而常常咬定我们是有钱、"有闲"的"土豪"。实在是冤枉。其实工薪族最需要旅行来减压。有一次在约旦的玫瑰之城佩特拉，我们邂逅了一对来自新加坡的印度夫妻，非常热爱旅行。他们也是工薪族，从事 IT 行业，抱怨自己的工作压力极大，而新加坡又是各种规矩极其严格的地方，他们觉得只有在远离熟悉的环境旅行，才能抛开一切彻底放松。所以说有钱、"有闲"的人其实并不那么需要旅行，反而是工薪族最迫切需要通过旅行来释放压力。

然而工薪族终究是为工作所羁绊，假期有限，脱不开身。有些朋友由于职业特点请假很不方便，又有些朋友还为孩子、家务所累。这些都是客观原因的限制。但是时间又是世界上唯一公平的东西，大家都是一天 24 小时，就算再"有闲"的人也就是 24 小时。也就是说在时间问题上，大家其实是相对条件最接近、机会最均等的。如果是时间、假期这些因素阻碍你去旅行，那么或许并不是那么难以解决。

有的时候换一个角度去看，原本的障碍或许根本就不存在。那么我们就一起来仔细看一看旅行中"时间"这个因素。

以色列死海 →

成功学 vs.
中庸之道

工作中我们致力于追求成功。西方成功学认为，"好"是卓越的敌人，也就是说即使做到"好"也不算成功，仅仅"好"是不够的，只有超凡卓越才算得上成功。这话说得非常有道理，但是我们也看到许多追求卓越的人因此被压力压垮，很多看起来内心强大的人，却得了抑郁症。再强的弓也不能一直绷紧，再强的人也可能会突然崩溃。

中国自古以来的哲学并不追求极致，而是追求中庸之道。我们并不是在打击卓越，但是依照所谓有张有弛的文武之道，适当的时候要给自己放松一下。就这么说吧，既然大家是来读一本关于旅行的，而不是关于职场打拼的书，那么在旅行的时候就不必那么拼了，只要满足自己内心的喜乐就好。更何况那些干事业很拼的"高富帅"也到处度假，才不是旁人想象中不懂生活的工作狂呢。在度假中得到彻底的放松和休息，好比是给自己的身体充电，然后才能以神采奕奕的面貌回到工作中，向更高的目标迈进。我们可以用中庸之道来调节自己的工作和生活，工作中追随成功学做到最好，同时也用中庸之道来把握生活和工作的平衡。

有些热爱旅行的朋友，索性辞职去旅行，引得旁人"羡慕嫉妒恨"。但换成自己，却绝大多数人都做不到。除了少数天生的旅行狂热分子，不天天游荡生命便无处安放，对于大多数的普通人来说，辞职去旅行的确是不太现实的。

辞职了，钱花光了怎么办？要吃饭，要生存，这些都是现实问题，我们也是一样，不会脑子一热就冲动地炒老板鱿鱼。如果换成是欧洲高福利国家，这真不算是个事，不干活也能过日子，社会福利好嘛，因此欧洲年轻人背包游世界的特别多。但是，高福利也未必是好事，之前不就发生欧债危机了吗？

← 背包游希腊圣托里尼岛

再说我们也不愿意光吃福利，总是要自食其力，还得考虑将来养老的问题。对于普通工薪族来说，如果不是突然中了彩票，或者抢红包抢到"手软"，要想靠自食其力，基本是不可能辞职去旅行的。要是不小心被辞退，心里发慌，往往不是趁机去旅行而是赶紧去找个工作让自己安心。那些说换个工作，趁机玩几个月的，一般都是底子厚、不差钱的朋友，站着说话不腰疼。

那么靠工资吃饭的工薪族，既然没可能辞职去旅行，又想出去玩该怎么办呢？好在，我们有中庸之道，可以在工作和旅行间找到平衡。我们可以继续工作，可以追求事业，但不把所有的时间都交给工作，留出足够的业余时间给生活，给家庭，给旅行，让自己能健康发展。有了这样的平衡观念，才可能达到人生的喜乐，那其实是相当高的人生境界。有了这样平衡的工作生活概念，你会发现可以利用的时间突然多出不少来。为什么这么说？比如说，你觉得反正也没法出门，那就加班吧，那这本来可以用来旅行的时间就被你忽略了，没错吧？时间一长，成了习惯，你回头一看，也许你已经好多年没有休假了。真的，我们身边很多人都是这样，生活除了吃饭睡觉，就是工作，这真的是你想要的生活吗？

曾经有篇有名的"鸡汤"文，说一个百万富翁去钓鱼，遇到一个流浪汉也在钓鱼，两个人聊了起来。富翁说："你为什么不去工作？"流浪汉问："为什么要工作？"富翁说："工作可以使你变得有钱。""有钱又有什么用呢？"流浪汉问。富翁理直气壮地说："有了钱，你可以买房子，买汽车，可以在晴朗的天气里像我这样悠闲地在河边钓鱼。"流浪汉说："我已经在悠闲地钓鱼了，为啥还要工作呢？"其实富翁和流浪汉都有点走极端，富翁没想过别人不用成为富翁也可以悠闲；流浪汉忽略了富翁可以到世界各地去钓鱼，而流浪汉可能下顿就没吃的了。作为工薪族，两头都沾不上，但如果以正能量去思考，工薪族也兼具两方的优势，既有一定的技能在身，能保障一定的生活水准，又没有老板那么大的压力。在工作之余寻找到生活的乐趣，这种中庸之道，或许正是一种很不错的生活理念。而旅行正是可以以这样的中庸之道追求的一种生活乐趣。

↑ 在佛罗里达钓琥珀鱼

你想旅行还是度假？

很多人搞不清楚自己旅行的目的，很多认为自己喜爱旅行的朋友，其实需要的是度假。 旅行和度假在很多情况下或许看似是一回事，但严格地说是一个天平的两端。一头是极端的旅行，比如去埃塞俄比亚阿法尔地区看火山熔岩湖，每天气温超过 35 摄氏度，露天野营条件艰苦，但也有世上最美的景色。另一头是极端的度假，就在家附近找个酒店享受一下，哪里也不去，舒服地度过一个周末，只为彻底放松自己。多数人的情况，是在这之间找到自己的平衡点，旅行但也兼顾度假，或者度假也兼顾旅行。偏重哪一端，可以自己把握。比如说你有一天的时间，你是打算花八小时辛苦地远足去看一处与世隔绝的高山美湖呢？还是干脆就在酒店门口的美丽海滩上舒舒服服放松，也许花两小时看看周边美丽的景色，随便转转，去个好馆子？我一个前老板的回答是："我要的就是在酒店海滩上躺一天，什么都不做，绝对什么都不做。"很明显，我这位老板需要的是度假。

度假只要不是在本地，也算是一种旅行，而且和旅行之间的区别有时候也不明显。很多人会说，我既想旅行，也想度假，这样的情况很多。不过旅行和度假，还是有所区别，你要搞清楚自己到底更需要哪个。我们在书中提到的很多内容，有的是爱旅行的人和爱度假的人都需要的，而有的则可能偏重旅行，你或许需要自己判断。

旅行和度假在时间上的最大区别就是，旅行的节奏会比度假快，而度假要的就是慢生活。度假的朋友晃荡了一天，就达到了放松自己的目的，这也就是度假的目的；而旅行的人或许无法忍受宝贵的一天被晃荡掉了。对我们来说，两种都喜欢，经常旅行加度假。而且有时候这两者不矛盾，旅行得好，度假也会度得好。不过目前，你还是要先认清自己的偏重，了解自己的目的，才好安排自己的节奏，否则就会出乱子。举个明显的例子，一个喜欢"刷"景点的急脾气和一个想度假的慢性子结伴出游，各种"人在囧途"是免不了的。

　　有朋友说："我也不懂中庸，也不管旅行还是度假，我就是没假，没假怎么玩？"的确说到这里才是到了关键，假期才是限制工薪族旅行最大的障碍。我们也同样经常为其烦恼——假期总不够用。

　　你知道世界上假期最多、干活最少的国家是哪个吗？说说德国吧，有10 天以上的法定假期，还有 24 天以上的年假。其实奥地利比德国放的假还多一天，但是德国人一年才工作 1406 小时，一周平均工作 27 小时。按我们一周工作 40 小时的节奏，35 周就可以完成一年的工作量了，剩下四个月都是用来玩的。难怪我们在路上老是遇到德国人，而且是在那种进山就需要好几天的深山老林、荒漠深处。越是远离尘嚣的地方，德国人越多，比如科罗拉多河倒影峡。你知道为啥么？他们时间多啊。德国人的假期在欧洲还不算最多的，欧洲人都那么爱度假是因为假期实在用不光。

中国法定假期是 11 天，年假则根据工作年资为 5—15 天。以 10 天年假为例，加上法定假期就是 21 天。感觉不够用啊，可是你也别太气馁，比起另一个大国来说，中国的假期算多的了——美国虽然有法定假期和年假，但都不是带薪的，所以美国带薪假期的总数是零。你想不到吧，美国如此抠门。当然了，有资料显示大约 77% 的美国公司会根据劳动法支付一些法定公众假期，但多数公司只放 7 天而已，学校、政府放的假多些。美国的年假也是按年资计算，一份资料里说平均是 15 天，但我们认识的美国人其实没有这么多年假。这样一比较，中美两国的假期其实差不多。不过很多美国人其实根本不休假。而中国有很多长假，公司全关门，员工不想休假也得休。

不过中国不少的工薪族还面临一个问题，就是请假难，有年假请不出，很多老总一听说你要连请几天假就好像要了老命一样。主要是年假的概念引进时间不长，大家使用得还不够普遍。因此我们需要多请假、请好假，才能完成普及年假概念的"历史使命"。

对付那些不愿意员工请长假的公司领导，可以用"温水煮青蛙"的办法：比如你年底要请好多天，那么年初就可以模拟提一下。万一领导答应了，可以后期再调整休假时间；如果不出所料不答应，那么可以诚恳地表示给领导一个面子，这次以工作为重暂时取消休假，但是也请领导准备一下，做好员工不在时有突发业务问题的预案，安排好预备人力，才能让广大员工安心休假。这个问题迟早要面对，领导感激你的理解之后已经上了你的船，等下次你真的要请假就容易多了，而这样的预案也是每个健康发展的企业所必需的。

回到有限的假期不够用的问题。绝大多数人的年假的确不太够用，你需

哪有　没钱没时间　这回事

要利用所有可能的资源。周六、周日是非常宝贵的假期资源。你如果只请 5 天年假，加上两头两个周六、周日，那就是 9 天——与请的年假相比，假期长度几乎翻番。9 日游，是我们旅行百国在时间安排上最大的必胜技，很多的旅程都是 9 日游。

我们来看看 9 日游可以去些什么地方：走马观花的话，欧洲可以走好几国；深度游的话，基本能非常地深入一国。如果去夏威夷，9 天玩两个岛很合适，除掉飞机上的时间，欧胡岛待 2 天，茂宜岛待 6 天，标准的完美假期。如果去阿拉斯加，9 天刚刚好把精华景点转完，比如迪纳利国家公园。

如果有 10 天年假，可以用 10 天安排出两个 9 日游；如果搭配一些法定节假日，可能只需要请三四天年假甚至更少就可以搭配出一个 9 日游。你的 10 天年假，似乎只能凑出两个 9 日游。但是如果加上法定节假日，你可能一次只需要请两三天年假，就可以获得更多的长假。以 2017 年为例（请参考第 015 页。其实不论是哪年，请假的"套路"都可以参考这样的模式）：结合法定假，运用 10 天年假，至少可以安排出一个 7 日游、三个 8 日游、一个 9 日游。这样一算是否就相当可观了呢？是不是突然有点假期太多用不过来的感觉了呢？幸福是不是来得太容易了？

← 美国科罗拉多河倒影峡

如果你是女生，还可以考虑利用三八妇女节的半天假期，打造四天半的小长假。如果你是十四至二十八周岁的青年，可以享受五四青年节当天的半天法定节假日。你都可以根据自己的需要变化出一些或长或短的假期。即便将 10 天年假全部打散，凑出 10 个长周末[1]，也是非常好的选择。

即使你只有 5 天年假，原理也是一样的，尽量利用周末和法定节假日。只要你严格按我们这个办法来优化你请假的日期，就没有假期不够用的问题了。很快你的同事就会来质问你：为什么你的假期老用不完呢？

而这只不过是你幸福假期的开始而已。

1　长周末是指一天法定节假日加一个周末，组成的三天休息日。

以 2017 年为例，一览请假攻略

一月
M	T	W	T	F	S	S
26	27	28	29	30	31	1
2	3	4	5	6	7	8 ⑨
9	10	11	12	13	14	15
16	17	18	19	20	21	22
23	24	25	26	27	28	29 ⑦
30	31	1	2	3	4	5

二月
M	T	W	T	F	S	S
30	31	1	2	3	4	5
6	7	8	9	10	11	12
13	14	15	16	17	18	19
20	21	22	23	24	25	26
27	28	1	2	3	4	5
6	7	8	9	10	11	12

三月
M	T	W	T	F	S	S
27	28	1	2	3	4	5
6	7	8	9	10	11	12
13	14	15	16	17	18	19
20	21	22	23	24	25	26
27	28	29	30	31	1	2
3	4	5	6	7	8	9

四月
M	T	W	T	F	S	S
27	28	29	30	31	1	2
3	4	5	6	7	8	9 ⑧
10	11	12	13	14	15	16
17	18	19	20	21	22	23
24	25	26	27	28	29	30
1	2	3	4	5	6	7

五月
M	T	W	T	F	S	S
1	2	3	4	5	6	7
8	9	10	11	12	13	14
15	16	17	18	19	20	21
22	23	24	25	26	27	28
29	30	31	1	2	3	4
5	6	7	8	9	10	11

六月
M	T	W	T	F	S	S
29	30	31	1	2	3	4 ⑧
5	6	7	8	9	10	11
12	13	14	15	16	17	18
19	20	21	22	23	24	25
26	27	28	29	30	1	2
3	4	5	6	7	8	9

七月
M	T	W	T	F	S	S
26	27	28	29	30	1	2
3	4	5	6	7	8	9
10	11	12	13	14	15	16
17	18	19	20	21	22	23
24	25	26	27	28	29	30
31	1	2	3	4	5	6

八月
M	T	W	T	F	S	S
31	1	2	3	4	5	6
7	8	9	10	11	12	13
14	15	16	17	18	19	20
21	22	23	24	25	26	27
28	29	30	31	1	2	3
4	5	6	7	8	9	10

九月
M	T	W	T	F	S	S
28	29	30	31	1	2	3
4	5	6	7	8	9	10
11	12	13	14	15	16	17
18	19	20	21	22	23	24
25	26	27	28	29	30	1
2	3	4	5	6	7	8

十月
M	T	W	T	F	S	S
25	26	27	28	29	30	1
2	3	4	5	6	7	8 ⑧
9	10	11	12	13	14	15
16	17	18	19	20	21	22
23	24	25	26	27	28	29
30	31	1	2	3	4	5

十一月
M	T	W	T	F	S	S
30	31	1	2	3	4	5
6	7	8	9	10	11	12
13	14	15	16	17	18	19
20	21	22	23	24	25	26
27	28	29	30	1	2	3
4	5	6	7	8	9	10

十二月
M	T	W	T	F	S	S
27	28	29	30	1	2	3
4	5	6	7	8	9	10
11	12	13	14	15	16	17
18	19	20	21	22	23	24
25	26	27	28	29	30	31
1	2	3	4	5	6	7

国务院办公厅安排的法定假日，含法定假期以及调休
周末　　●可请假天数
年假
假期前一天下班后出发，假期结束次日早上结束行程

旅行时间

碎片化

有的时候，我们陷入问题的重围，无法解决，就必须跳出来换一个角度看问题。尽管我们可以凑出 9 日游，但逐渐地，我们的胃口也变得无法满足，变得在安排 9 日游的行程时，往往会有这样的想法：只要再有 1 天，行程就完美了，甚至再有半天也可以。但我们是无法变出假期来的。如果你多请 1 天年假，当然可以，但是相对来说，实际假期日数对比请年假日数的值就降低了，就是说你所请年假的效率或价值变低了。但如果 9 天确实不够用，能不能再变出些时间来呢？其实是可以的，我们需要换一个角度来看。

每个人每天都是 24 小时，这对地球人来说是无法改变的，其中差不多 8 小时用来睡觉。你的假期是 9 日，但其实也就是 9×24=216 小时。我们大多数人都按日子来计划事情，但是世界上很多有成就的人其实都是按小时来安排日程的。如果我们能够按照他们的眼光来安排自己的假期，一定会有收

↑ 旅游时间碎片化，让我们走遍世界。图为加拿大落基山脉

获。仔细看你的 9 日假期，是从周六开始到下一周的周日结束，但其实从周五下班起就是可自由支配的时间。如果你这时就出发，对比从周六早 8 点开始玩的行程，你真实的可使用假期又多了 15 个小时，这可是多出大半天了呀。然后来看看假期结束的时间：工薪族其实是周一早 9 点才上班，如果不在周日晚上 10 点，而是在周一早 9 点结束旅程，这样你其实还有额外 11 个小时

可以支配。只要路上能休息好，完全不会影响周一上班。这样两头一搭配，就有了整整一天的富余时间。

也就是说，如果你以小时来规划你的假期，9 日游其实可以变成 10 日游。这么说好像很奇妙，但下班早点走，假期结束一早直接上班，早就被很多爱旅行、爱户外活动的朋友采用了。哪怕是爱泡夜店的朋友，很多也这么做。但很多人并没有把这一点提升到一个高度来看，只是想到就做。提升到一个高度来看，这里提出了一个概念，就是碎片化旅行。现代人这么忙，可以说分秒必争，因此必须把本来慢节奏时代的日期节奏，改为小时节奏。事实上，旅游业早就在使用这个概念，周五晚上会有大量航班、车次出发，周一早上也有大量航班、车次到达。这就是旅游业通过精算来迎合旅客需求的做法。

那么我们要最大化假期时间，当然也要接受碎片化旅行概念。当然有朋友会问，坐这些红眼航班、红眼大巴都好累，如果不是身体很壮的毛头小伙，谁愿意吃不消、苦熬一宿啊？其实现在的航班或大巴，可以调整座椅、让旅客舒服过夜的已经非常普遍了。就算价格比普通座位高，但是节省了一晚的酒店费用，加上节省出一天的宝贵假期时间，哪个合算应该很清楚。事实上红眼航班的机票经常很畅销，因为大多数人早就不自觉地接受了碎片化旅行的概念。

我们了解了碎片化旅行概念，就需要运用这个技能，在规划假期的时候多次运用，你将会发现有限的假期得到倍增。当然也不要过度滥用这个方法，以至于在假期里塞入了过多的内容，却失去了原本追求的放松和悠闲。

无限假期：跟着梁朝伟去喂鸽子

↑ 在华沙老城广场喂鸽子

碎片化旅行概念不要在长假中过度使用，但是我们可以在平时举一反三地运用这个概念，将普通周末改造为一个个小长假。我们所认识的真正的旅行达人，无一不是利用这个技能的高手，其中就有梁朝伟。当然了，梁朝伟不认识我们。之前不是有个段子，说梁朝伟有时闲得闷了，会临时起意去机场，随便赶上哪班飞机就搭上哪班。他曾飞到伦敦，独自蹲在广场上喂一下午鸽子，不发一语，当晚再飞回香港，当没事发生过。突然觉得这才叫生活。

其实梁朝伟就是利用了碎片化旅行概念，既可以随意旅行，又不影响工作。这对工薪族的意义更大——越是忙的人，越是工薪族越需要碎片化旅行。周五下班赶赴机场，第二天已经在大洋彼岸的异域偶遇梁朝伟，也许攀登在雪山之巅，或者浮潜于热带海洋，然后周一早上直接上班，若无其事地在办公室里喝咖啡。这样的事情，我们做过很多很多次了。

一年有五十二周，也就有五十二个周末，但通常因为时间太短，只能在家周边转转消磨时光，这其实是一种巨大的资源浪费。如果我们利用碎片化旅行概念，将之改变为五十二个三日小长假，那么，朋友，全世界都在你的视野中，再也不要说没时间没假期。只要你有意愿、有执行力，恭喜你，你已经拥有了无限假期。

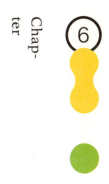

在正确的时间 去正确的地方

　　美国五星上将布拉德利有句名言："在一个错误的时间、一个错误的地点，与错误的敌人，进行一场错误的战争。"我们当然不是在讨论历史和战争，但仅就旅行而言，时间和地点的正确性，也是至关重要的。

　　在错误的时间到达错误的地点，玩得不好在所难免。而有些地方，如果在错误的季节前往，甚至可能付出生命的代价。20世纪90年代，中国徒步的先锋人物，一代大侠余纯顺，就是因为错误地选择了炎热的夏天前往罗布泊大戈壁，不幸脱水遇难，令人扼腕叹息，可见季节是千万不可搞错的。当然这是极端的案例。对于大部分的普通游客来说，再好的地方，去错了季节，也就成了错误的地方。比如欧洲的冬天是1—3月，加勒比海地区的飓风季节是9—11月，这些是当地天气最不好的时段，航空公司经常打折。凄风苦雨、风雪交加的欧洲，或者天气阴沉、色彩黯淡的加勒比海，真的不用为其浪费时间、浪费钱。

　　遗憾的是，众多的游客都会在错误的时间去往一个错误的地方。最常见的例子是，选在黄金周出行，各个景点只见人山人海，这就是个明证。应该说大家去的地方都是好地方，黄金周也是中国最长的假期，但是结合在一起却是这样糟糕的结果，当然让人恼怒。因此，在正确的季节造访正确的地方，是非常有必要的。这就要求我们知道要造访的地点的正确旅行季节。以中国的顶级热门景点九寨沟来说吧，应该说四季都是非常美丽的，而且各季各有千秋，但是景色最震撼人心的是深秋。当九寨的秋叶变红，层林尽染，倒映在绿松石般的水面上；带有凉意的清晨，山水间弥漫着一层薄雾，渲染出淡妆浓抹的九寨秋色。毫无疑问，见到的人都会赞叹这人间的绝色美景。然而这秋色正红的日子却不是国庆黄金周，而大多是 10 月的下旬。成千上万的游客在黄金周前往，到处水泄不通，住的酒店也处在价格最贵的时段，看到的却不是最美的景色。

　　换一个思路，10 月底，请一天假，凑个长周末。如今航空运输、高铁都如此发达，上海、北京直飞九黄机场，才不过两个多小时就到了，而且酒店价格也比黄金周低，景色却是最美的，游客人数也少，岂非一举多得？所以说，在正确的季节造访正确的地方，才是保证旅行、保证质量的前提。相反，记得曾经在网上看到一篇游记，说一个网友夏天去俄罗斯，高温炎热，坐的还是闷罐火车。他想开窗，当地人就是不许，说冷。然后他和一车子光膀子的俄罗斯人坐了十几小时的火车，画面"太美"不说，结果还热感冒了。同样，还有网友在夏天去非洲，坐闷罐大巴，因此和队友在路上相继病倒。只要不选夏天去，就不会受那样的苦了。选错了季节，不仅仅是风景不好看的问题，往往要遭罪，而旅行本来应该是一种享受才对。

那么就有人问，各种长假，比如黄金周，到处都人山人海，这些假难道都不用？没错，这些法定假期是人人都有的假期，在旅游行业的日历里，也都被标记为旺季。但旺季不代表就是最好的季节，却是最贵的季节，这个理念很关键。

　　通常我们在这样的假期，或是提前或延后出发购得价格较低的机票去很遥远、冷门的国家旅行，这样往往可以和大部分游客群错开；又或者往往是不出国，去荒野高山深林，和户外活动结合，通常在长长的山道上，只要走半里路就不会再有游客。用这两个方法可以避开人群，只要选一个当季该去的地方就好了。当然这就需要做好前文提到的日常旅行准备，你要事先知道不同季节去哪里是最好的。如果这个季节北半球不好，也许南半球正好；如果风景不好，也许钓鱼很好，可以举一反三。当然网络上有不少相关文章，但最终还是要靠你自己积累。只要肯动脑筋，你一定能为每一个假期找到最佳的去处，从而保证在正确的季节造访正确的地方。

　　五一小长假期间，如果去国内游客极为热衷的希腊，尽管这段时间天气一般都很好，但是圣托里尼岛上的游客人潮会让你望而生畏，估计一半都是去度假的中国游客。挤在到处是人的小巷里，没准会让你感觉生无可恋。但这时你去相对冷门的东欧，比如保加利亚、罗马尼亚，一定会留下清静美好的回忆。我们去罗马尼亚的特兰西瓦尼亚山区，正值五一期间，天气适宜，不冷不热，蓝天白云，雪山城堡，繁花满树，到处是明信片一样的风景。游客并不多，中国游客只见到两个，住宿也非常便宜。罗马尼亚山区的著名老城布拉索夫，是我们到过的最喜欢的中世纪古城，也许就是因为没有被炒得那么热门，没有熙熙攘攘的游人，而格外悠闲静谧。即使什么都不做，就在

↑ 里约热内卢的"电报石"火遍全球。我们选择在秋天淡季去，同时避开周末，几乎没排队

中央广场上坐着吃吃冰激凌，吹吹晚风，喂喂鸽子，也会心情大好。

有朋友在春节期间去了德国。德国的冬天，是一年气候最糟糕的时候，经常大雪纷飞，阴冷潮湿，但是照样人满为患。天鹅堡里，大约一半是亚洲面孔。大家都不约而同挤在有限的假期去了太受欢迎的地方，那么结果也就可想而知了。你必须要跳出这个思维框框。如果在相同的时间去了墨西哥并不那么热门的下加利福尼亚，我们可以保证你会有一段美好难忘的时光。有一年春节前后，我们去了宁静的下加利福尼亚海边小城拉巴斯，这里似乎没有多少游人来打扰。一二月的气温是墨西哥一年中最舒服的，还是看鲸鲨的季节，而且不需要深潜，浮潜就能看到。这里还以梦幻沙滩闻名。水清沙白的沙滩在世界上有很多，但是丝绸质感的海水你见过吗？我们在这里度过一个下午，游客不超过二十人。安宁美丽的沙滩，似乎就只属于我们两个人。

经常听到一句话——最重要的不是去了什么地方，而是和谁一起去。但是和重要的人一起挤着去看后脑勺，实在太悲怆。我们想说，最重要的，是必须在正确的时间去正确的地方啊！

← 罗马尼亚中世纪古城布拉索夫

Part - 2

花小钱走百国

about

and

哪有没钱没时间.这回事 //

聪明人不会
攒钱去旅行

　　这是关于金钱的一章。如果你直接跳到这一章开始读，那么我们建议你老老实实从头读起。金钱在我们这个社会似乎是万能的，但对于旅行来说，绝对不是最重要的，这是任何一个真正的旅行家都会有的态度。因此关于金钱的内容是放在第二章的。

　　关于金钱和旅行的关系，网上曾经流传过一个段子，大家应该觉得耳熟能详：花买一个 iPhone 的钱可以游云南一圈，花买一辆小车的钱可以游新马泰住海景酒店，一套房的首付金可以让你游遍世界，到时候，你的世界观可能就变了。这可是旅行社在忽悠你。房地产商说，等到时候你两手空空一身黝黑回来，看到朋友有车有房有媳妇，拿着 iPhone "切水果"，你的世界观就真的会改变。虽然这是个笑话，但很多人肯定因此心中大为踌躇，如果旅行要付出那么大的金钱代价，却仅仅为了开拓眼界、改变世界观，真的值得么？恐怕大多数人会打退堂鼓。

世界观也好，金钱观也好，显然是太大的话题，我们写这本书也并非为了改变任何人的世界观。但有一点是肯定的，如果以上价格减少一大半，那么愿意出行的人会大大增加。花小钱就能住得好、玩得好，何乐而不为？至少我们就是这样，我们也曾经存了一笔钱打算用于旅游，结果走过百国仔细算算，发现根本没用到那笔钱。花费远没有想象的那么多，离一套房的首付金当真还差好远，根本不需要砸锅卖铁、节衣缩食，也并没耽误我们买房买车、存钱养老，家里的黄咪也生活得幸福快乐。

学会花小钱游世界，就不必攒钱去旅行。很多人总是幻想着存一大笔钱，等孩子上大学了，等房子贷款付清了，就安安心心去周游世界。可惜有这种想法的人，大部分未能如愿。如果你不及时旅行，等退休后再想旅行，往往发现玩不动了。有些人也许不想再经受旅途劳顿，有些人也许在漫长的岁月里出现各种变故。电影《飞屋环游记》里面的老夫妻，勤勤恳恳存钱存了一辈子，都没出行过。如果他们读了这本书，可能就不会以悲剧收场，当然也许也就不会有飞屋了。

既然没花很多钱，有人一定会说：你们这是穷游吧？的确穷游的概念曾经红火过一阵子，很多人竞相以少花钱为荣，比如花几千元游多少国家之类，总之以尽量少的钱，去尽量多的地方。但是这么节约的话，旅程往往非常艰苦，一日三餐都极简；经常要睡候车室或当沙发客，很难完全休息好；在一个陌生的地方，安全隐患也不小，遇到坏人就得不偿失了。其实本来量入为出的想法很对，如果钱少就节省一点，但逐渐有的人走向极端，没钱了就动歪脑筋，一路指望蹭吃蹭住。诸般作为实在令人汗颜，也违背了旅行的本来意义。

我们的理念是花小钱走百国，争取旅游的重要开销免费，这样就能花小钱办大事。旅游开销的大头是机票和住宿，如果这两项都不花钱，那一大半的开销就省下来了。我们出远门的话，基本上长途机票和豪华酒店都是免费的，酒店行政酒廊加上免费机场休息室，三餐也都解决了。当然还可能有交通、旅行团等费用，想一分钱不花，肯定不现实，但是和你本来想象中需要花的巨款相比，这一点花销是人人都可以承受的。学习完这一章，你会发现其实只需要一点零头就可以游遍天下。

只要愿意花一点心思，每个工薪族都能做到周游世界，对于假期虽多却没有什么收入的大学生也一样。而且完全不需要穷游，相反会让很多人以为你玩得很奢侈，甚至会让你的"朋友圈"有被"拉黑"的危险。就好像我们发一些游记微博，动不动被人评论是富二代、土豪。大家怎么都不相信我们就是工薪族。这完全是因为大家还没有读这本书的缘故。其实旅行本来丰俭由人，真正的富人花大价钱享受无可厚非，而聪明旅行的人也可以花小钱游遍天下，并得到与富人同样的享受。

曾经在大溪地的博拉博拉岛度假时，在希尔顿酒店里遇到一对来度蜜月的上海小夫妻，说到这里来度蜜月实在太贵了，但是有面子呀，为了蜜月嘛，也必须拼一拼。新郎说得好生动，痛并快乐着的表情很有趣，因此我们一直都记得。他们也问我们是不是来度蜜月，我们不太好意思说就是次普通度假。大溪地，我们来过两次了，还有马尔代夫、塞舌尔、斐济，都是想去就去，夏威夷去过六次了。并不是我们有钱，只是我们掌握了聪明旅行的窍门。同样的行程，我们的花费大概只是那对上海蜜月夫妻的零头而已。他们买的机票酒店套餐大约是6万元,我们机票和酒店的开销大约是2000元。面对他们,实在说不出口。

这里给大家"科普"一个概念:航空公司、酒店、信用卡公司都有自己的常客或贵客积分计划。航空公司的积分叫里程;酒店和信用卡公司的积分,一般叫点数。本质上都是积分,只是每家公司的积分价值不同。航空公司里程有的时候可以通过一定比例转成酒店的点数。信用卡如果是航空公司联名卡,那么消费直接可以积累里程。如果使用的信用卡非航空公司联名卡,那么消费积累的则是点数。为了阅读的方便,并遵从较为普遍的叫法,这里就用航空里程、酒店点数和信用卡点数,来表述这些不同的积分。

如果充分利用各种积分的规则,不论是航空里程、酒店点数还是信用卡点数,就可以合理合法而又有自尊地免费获得各种旅游福利,免费去旅行,免费坐头等舱,免费住豪华酒店,你觉得你会拒绝吗?如果你是人间的凡人,不论有钱或者没钱,读了这一章,有可能立刻就省个成千上万,或者梦想中的蜜月旅行就因此实现。这些聪明旅行的方法多种多样,随时都可能变化,但万变不离其宗,你要学习的就是其中的原理和思路。即使其中有些方法你暂时用不上,但是思维方式变化了,眼界和想法开阔了,也许不久后还能创造出你自己的方法,生活就会大大变样。

↖ 带着黄咪游旧金山花街
← 博拉博拉岛水上屋
↑ 毛里求斯威斯汀酒店的行政酒廊

花
300
元
坐
价
值
2
万
元
的
商
务
舱

美国航空业有个广告，大意就是：想要免
费坐飞机吗？娶个空姐吧。就是说空乘以及空
乘的家属都可以免费乘坐本航空公司的航班，
只要有空位。我们就认识这样一个爱好旅行的
波兰美女空姐，业余时间在全世界到处游玩，
走了几十个国家，在斐济和瓦努阿图与我们同
行。但问题是，首先，世界上有那么多旅行爱
好者，但没有那么多空姐；其次，空姐未必想
和你结婚。不过现在好了，你不必付出终身代价，
也可以免费飞，诀窍就是：用航空公司里程换
免费机票。里程是什么？简单来说，里程就是

塞舌尔著名的银泉滩 →

航空公司为了吸引常客而推出的积分计划。

我们去过百余个国家（地区），大部分长途机票都是靠里程换票，只有一些短途是自己买票。现在已经有越来越多的人听说了里程换票，与里程相关的网站多起来了，但大多数人对此仍然并没有太多的了解，或者认为麻烦而不愿意学习，宁可花钱买票省事。有点让我们

吃惊的是，很多旅行几十国的资深旅行达人、旅行家，也完全不懂里程。经常还有人对我们说，花心思搞积分要花好多时间，难道不能用这些时间来赚更多的钱吗？这道理倒也没错，如果你是赚大钱的高富帅、白富美，的确不一定有这个必要。但对于喜欢旅游，而假期和收入都不那么宽裕的工薪族朋友来说，学会使用里程换票，不仅可以让旅行质量大幅提升，还能省出大量资金来改善生活质量，岂不更好？

用里程兑换机票的好处有很多。首先，里程价格不会随季节而频繁波动。大部分航空公司的里程票按照地理位置兑换，从一个区域到另一个区域需要的里程数一般是固定的。比如从中国到美国的单程里程票，兑换美国联合航空的经济舱机票需要3.5万英里里程，兑换商务舱机票则需要7万英里里程。兑换机票所需里程尽管日后可能会随航空公司里程方案的变动而波动，但不会随时变化。这里需要说明，美国航空公司的里程计算单位是"英里"，中国航空公司的里程计算单位是"公里"。但不用被单位弄糊涂，这些里程都是积分，就好像不同的货币一样。不用拘泥于单位，将其当积分看待就可以。

第二，可以获得免费"开口票"。比方说你可以从北京飞到温哥华，再从洛杉矶飞回北京，而不需要从洛杉矶回到温哥华，再回国。如果用现金购买机票，这样的开口票一般会比双程票贵。

第三，获得免费停留。如果两段航程的转机时间超过24小时，就被称为停留。很多航空公司允许里程票有一个停留，比如从上海到巴黎后停一周，好好玩一玩再飞到慕尼黑，最后从慕尼黑飞回上海，这样算一张票，而不需要分开订。虽然里程票不能完全算免费票，你需要支付一定的税费，但是和买票的花费比起来，基本可以忽略不计。

航空里程怎么换票价值最高？首先，换较贵的舱位。很多玩得在行的朋友，只用里程来换头等舱和商务舱机票，尤其是 8 小时以上的长途机票。比如中美之间的机票，美国航空公司经济舱打折时经常会有五六百美元的低价票，如果用里程换票，经济舱需要 3.5 万英里里程，商务舱需要 7 万英里里程。而直接购买商务舱机票的话，价钱远不止经济舱票价的两倍。可见，用里程换商务舱机票的性价比就比换经济舱的高得多。我们也经常用里程兑换中美之间的商务舱机票，花现金购买的话通常至少需要 2 万元，而我们最多付 300 元税费而已。除了让人一夜平躺、舒舒服服，商务舱还有其他各种福利，比如可以多托运一件行李、优先登机、使用机场休息室，等等。

　　其次，换较贵的航线。比如从国内去一些遥远的目的地，像塞舌尔、马达加斯加，遇到机票打折的机会较少，就必须使用里程票。另外在旅游旺季，比如夏天和新年，机票往往价格很高，里程票也很紧俏，需要早订。我们有一年在圣诞节飞往塞舌尔，提前近一年就出了票。如果直接购买的话，旺季的价格是很难承受的。

　　曾经有个美国电影《在云端》（Up in the air）提到了一些里程的基本概念。和乔治·克鲁尼扮演的男主角一样，全世界有很多空中飞人，因为各种各样的原因奔走于机场之间。有几类朋友一定不要忘记积累里程：经常出差的、异地恋的、经常自费旅行的、家人在外地需要两地跑的。还有一类热爱飞行的朋友，是专为里程飞，旨在以最少的花费，积累最多的里程。美国网站"Flyertalk"，就聚集了世界各地几十万的飞行爱好者。有个术语就叫跑里程（Mileage Run，缩写为 MR）。他们一起寻找超级便宜的机票，飞尽可能多的航段，得到尽量多的里程，而目的地并不重要。在空闲时飞几次

↑ 法国阿尔萨斯区的葡萄园秋色

哪有　没钱没时间　这回事

类似的航线，以后度假时再用这些积分来换商务舱机票。这样一来，一张原本昂贵的机票的成本就只是几张特价票的总和，因此相当划算。

说到跑里程，曾经有过一个传奇故事。美国人史蒂夫·贝尔金在2001年遇到了一个麻烦：FBI找上了他，要他解释为什么他聘请了20个泰国农民每天四次往返清迈和清莱之间，而那里离毒品泛滥的金三角非常之近。因为害怕，史蒂夫和盘托出了他的目的：挣500万里程。飞一次才8美元，泰国农民替史蒂夫积累了里程，然后史蒂夫合法地把泰国航空的里程转到同为星空联盟成员的加拿大航空，足可以换许许多多头等舱机票去世界任何地方。而且他一下子成为最高等级精英会员，从此以后里程积累的速度比花的速度还快，可以说是一辈子也用不完。

《在云端》里有一句台词说，里程就是钱。这是千真万确的，里程就是钱，可以换机票，还可以换世界上绝大多数钱可以买到的商品。只不过，里程换机票是最合算的，换商品基本属于浪费。玩里程的小圈子里经常流传这样的笑话：我终于教会了老爸使用里程，结果他转眼用5万英里美国联合航空的里程换了个100美元的烧烤炉，而我可以拿这5万英里里程换跨洋机票，那可是2000美元都不止啊！我们身边也有朋友做这样的事，拿里程随便买东西或换礼品卡，其实是非常亏的。里程就要用来换机票，而怎么换机票最划算，也是一门高回报的学问，绝对值得你花费时间和精力。

每家航空公司的里程计划各有特点，加上还可以换同联盟航空公司的机票，可以说情况千变万化，而且规则也年年更新，必须紧跟形势、随机应变。里程这门学问可以玩得很深，有的里程玩家精于此道，可以换出十分复杂眩目的行程。而对大部分人来说，不必成为高手，只要掌握基本的方法，就足以应付大多数的旅行。也许目前你手上并没有很多航空里程，坐飞机出行也不多，但是先跟着本书了解一些基本概念，开拓一下思路，等到将来机会来临时，就不会错过。

　　事实上，现在很多有钱人也在用里程换票，如果用 500 元能做到 1000 元做的事，他们绝不会用 1000 元去做。富人都这么精明，有钱也不是没道理的，我们就更需要精明起来。然而，靠飞行积累里程也不容易，有钱的精明人则大多选择直接用钱买里程。那么工薪族如何轻松获得里程呢？后文将揭晓，现在先来解决酒店的思路问题。我们来看看怎样订酒店才合算。

零元住马尔代夫五星级豪华沙滩屋

我们经常说，穷人都住豪华酒店，富人睡青年旅馆。你一定以为听错了、说反了吧？你可没听错，我们也没说反。为什么会这么说呢？这里有个故事：我们和一个好朋友约在伦敦见面，邀请她一起住免费的喜来登。但她是特立独行的人，虽然很有钱，却是个"青旅控"。那我们住青年旅馆也行啊，结果一查价钱，一个床位要40多美元，双人间更是高达100多美元，这还住得起吗？我们只好灰溜溜回去住酒店了。

请问，如果一个四五星级酒店免费让你住，对比花十几或几十美元住青年旅馆的一个床位，你会选哪个？

我们在境外旅行住的星级连锁酒店，绝大多数都是免费的。其中印象比较深的都是在热带海岛，高档酒店设施完善、服务上乘，也往往占据最好的地理位置。比如马尔代夫的康莱德酒店，是希尔顿集团旗下的奢华品牌。我们在1月旺季住了两晚沙滩屋。当时的市场价格是3000多美元，而我们使用了希尔顿集团的积分，一分钱都没有花。而且因为我们是钻石会员，酒店把我们的普通沙滩屋升级到了面积300平方米还带超大前后院子的豪华沙滩屋，并赠送了每天的免费早餐和免费下午茶。在鸡蛋花树下的自助早餐极为丰盛，是真正的美好一天的开始。

在之前提到过的法属波利尼西亚大溪地的博拉博拉岛，我们住希尔顿酒店的花园屋也是一分不花，并免费享用每天丰盛的早餐。如果在博拉博拉岛住洲际酒店，待遇更优越，能免费住水上屋，而且房间直接面对震撼人心的博拉博拉岛主峰。在加勒比海地区的波多黎各岛，我们住在悬崖上的华尔道夫度假村，被升级到无敌海景房，躺在床上就能眺望蓝色加勒比海，还有免费渡轮去水清沙幼的私家小岛。

休息得好才能玩得好，对大多数度假的人而言，辛辛苦苦工作了一年，出门就是要住得好、吃得棒。有人觉得，钱赚了就是用来花的，平时生活已经够辛苦了，好不容易出趟门还不舍得住豪华酒店吃大餐，这么委屈自己，那又何必出门呢？另一些人则说，旅行和度假是有所不同的，在很多地方，有着无比绚丽的美景，或者珍奇的自然或人文奇观，这些地方都远离人类文明，自然根本就没有什么豪华酒店，甚至只能露营。豪华酒店是温柔乡，住习惯了，由奢入俭难，容易忘记了旅行的初衷，再也离不开豪华酒店。

其实大家的想法都没有错，各有各的道理。在远离人潮的地方，我们也喜欢住有特色的乡村客栈，或者森林里的小木屋。旅行中想节省住宿开销通常有好几个选择：住青年旅馆、家庭旅馆，或者当沙发客。如果在欧洲多国

↓ 马尔代夫康莱德酒店豪华沙滩屋

间游走，夜火车的卧铺把交通住宿一并解决了，也不用将白天宝贵的时间精力消耗在车上。其实过夜方式并无定式，一切依环境而定。如果在南美城市间旅行，秘鲁、智利、阿根廷的大巴都豪华舒适，可躺倒睡觉还包餐，饭钱和住宿费都省了。

青年旅馆年轻人多，热闹开心，一般位置也都比较方便，还有锅碗瓢盆俱全的厨房，自己去超市买菜做饭比下馆子节省太多了。但品质良莠不齐，有时卫生和安全状况则令人担忧。我们曾经不止一次听到游客抱怨，放在青年旅馆的东西被人偷走，甚至就连放在冰箱里的食物都被人顺走。

家庭旅馆有很多都挺温馨实惠。我们住过华人旅馆，价格便宜还包丰盛的三顿中餐。除了这样的家庭旅馆，在国外住在哪里早饭还能吃上包子、酱菜和白粥呢？住客一起吃饭，结伴同游，其乐融融。"缤客网""猫途鹰""携程""飞猪"最适合订小旅馆，在一些没有连锁酒店的小城镇，就可用这些网站比一比价来搞定住宿，还可以结合这些网站的促销活动来获得更多的优惠。欧洲有些地区住宿特别便宜，比如捷克的CK小镇、土耳其的马尔马里斯、马耳他的瓦莱塔、波黑的莫斯塔尔。条件不错的小酒店和民宿都便宜得惊人，两个人才20欧元左右，有的还包早餐，给人留下开心难忘的回忆。

但家庭旅馆往往服务水准参差不齐。目前很流行的"Airbnb"（一家旅游租房服务网站）也是如此，有的旅馆即使网上风评还不错，服务也还是没有保证。我们也住过这样的店，硬件很不错，但是到得晚了一点，连工作人员都找不到。正好手机还彻底没电了，这下当真陷于尴尬。后来还好找到邻居联系了店主。结果邻居帮我们开了门，收了钱，自始至终主人都没出现过。

当沙发客不需要花钱，但是好坏全凭运气。曾经看到网友"吐槽"，不小心住进瘾君子的家，或者面目凶恶的可疑人家，根本一晚上都不敢睡。有人或许还认为这种不确定性很惊险刺激。看看别人的故事自然觉得新奇有趣，轮到自己头上就未必乐意了。

而连锁酒店更有质量保障，无论是三星、四星，或五星，总是要达到一定的行业标准，不至于太离谱。所以对于城市旅行来说，住酒店的确最稳妥。尤其当你带着家人时，保证旅途的舒适愉快最重要。而且住酒店最大的好处，就是便宜。只要你掌握了诀窍，住星级酒店也花不了多少钱，甚至可以不花钱。

那么如何才能免费住酒店呢？看过上一节的关于航空公司里程换免费票，你应该可以举一反三。对，酒店集团也有相应的常客计划，可以累积酒店点数。先要明确的一点是，一定要通过酒店官网预订才能拿到点数，算作有效入住，从第三方平台预订则一般无法获得酒店常客点数。要使酒店点数的价值最大化，首先要把点数用在最热门的季节，因为点数兑换价格并不像现金价格一样随季节而波动。如果你在新年前后（一般新年是全年价格最昂贵的时候），把点数用在纽约时代广场的华尔道夫酒店，这样就把点数用出了最大价值。

第二，把点数用在等级低的地方。这个等级并非酒店的星级，而是点数兑换的等级。等级越低，兑换需要的点数也越少。很多地方的酒店现金预订相当贵，兑换等级却不高。比如喜达屋集团在亚洲有大量 C1 和 C2 级的酒店，只需要两三千分就能兑换，超级合算。万豪集团的点数，用在北京、上海性价比非常高，比如地段极佳的王府井万丽酒店，一晚只需要 1.5 万点。我们

哪有 没钱没时间 这回事

← 土耳其洞穴酒店

在卡塔尔首都多哈也住在万豪。中东国家的酒店普遍豪华，用现金订房的话要花一两百美元，用点数却只需要 1 万点。

第三，把点数用在促销的时候。比如洲际集团每季度都有一次点数房大促销，全球参与的酒店不论原先是什么等级，哪怕是豪华的洲际酒店，促销期间都只需 5000 点就可换房。每季度促销一推出，看到有心仪的目的地的酒店，可以马上先订下来，然后制订相应的旅行计划。如果不去也可以免费取消预定。这是洲际集团点数价值最高的用法，其促销的力度也是任何其他酒店集团无法比肩的。我们在世界各地已经用过好多次了。

如果你经常住酒店，但是砸下好多真金白银，那么看完本节，你的下巴大概已经掉在地上碎成八片。也许你现在刚刚走出校园，觉得这种生活方式似乎还离自己很遥远，但其实生活的变化永远比你想象的要快——心多大，世界就有多大。

如何成为『薅羊毛』高手

　　看了前面举的例子，也许你对免费坐飞机、免费住酒店已经产生了浓厚的兴趣。事实上，我们身边有很多朋友常年旅行，在全世界各地住豪华酒店，坐各大航空公司的商务、头等舱，却不花一毛钱，或只花很少的钱，令人羡慕不已。他们把自己叫作"羊毛党"，意思是非常善于"薅羊毛"的人。而他们所做的一切完全合法，不违背任何法规和道德。当然不排除有的人用了不合规的无底线办法，我们应该远离这样的行为。

　　先说一个"薅羊毛"的传奇故事让你脑洞大开吧。"羊毛界"的传奇人物戴维·菲利普斯，即传说中的"布丁仔"，他靠买巧克力布丁获得了百万英里里程，从此带着全家在全世界免费逍遥。戴维在 1999 年读到一则广告，某食品公司说每邮寄 10 张公司产品条形码可以获得 500 英里美国航空里程，

博拉博拉岛希尔顿酒店

而且第一个月翻倍。戴维仔细阅读了广告的每一行小字，立刻发现了其中蕴藏的机会。他在附近商场调查之后发现，有家廉价商品连锁店卖的巧克力布丁一个才25美分，也就是说在活动第一个月花2.5美元，他就可以得到1000英里里程。戴维立刻行动，在所有人奇怪、怀疑、好奇的眼光中，买空了周边地区所有连锁商店的巧克力布丁。

他花了3000美元，听上去是笔大开销，但你知道回报是什么？他因此获得超过百万英里的里程，当时价值15万美元。当然他还得想办法在一个月内寄出所有条形码。没几天工夫，他全家人都因为撕条形码而把手弄伤了，但还是只完成了一小部分。但戴维之所以成为传奇，就是因为他能完成不可能完成的任务——撕下1.2万个条形码并邮寄出去。他想出了办法，找到当地慈善机构，说："如果你们帮助我撕下这些条形码，我就把所有布丁捐给你们。"最后他不费力气地完成了挑战，还因为做慈善活动捐献布丁，在税金上得到一大笔抵扣。同时因为他获得的百万英里里程，戴维成为美国航空终身金卡会员，而且从此他积累里程的速度要远快过花里程的速度。戴维因此一战成为传奇。

怎么样，故事很精彩吧？那么最重要的问题来了，如何才能成为戴维一样的"薅羊毛"高手，攒出大量里程，从而实现优质的旅行呢？

要学会"薅羊毛"，首先要成为各大航空公司和酒店集团的会员。先说航空公司，绝大多数航空公司都有自己的常客计划，以各种各样的福利吸引新会员，及提高老会员的忠诚度。航空公司的会员对比非会员，最大的好处是可以累积里程，积累到了一定数量后，就可以兑换该航空公司或航空公司所属航空联盟的免费机票。比如，如果你累积了 6000 公里的南方航空里程，就可以兑换一张国内单程机票（首次兑换时，里程账户必须累积达到 1 万公里）[1]，这是最便宜的南方航空里程票。加入常客计划的第二个好处，是有机会成长为高级会员。飞的里程越多，会员等级也就越高，根据会员的等级得到相应的各种福利。国内四大航空公司的高级会员福利差不多少。继续以南方航空为例，从每年 1 月 1 日至 12 月 31 日，飞 4 万公里或 20 个航段的常客可获得南方航空明珠银卡；飞 8 万公里或 40 个航段的常客可获得南方航空明珠金卡。银卡的主要福利包括：优先安检、优先登机、享受机场休息室。金卡的福利除这些之外，还可以免费托运额外 20 公斤行李、获得额外 30% 的奖励里程等。成为一家航空公司的高级会员后，还经常有机会可以通过资格匹配成为其他航空公司的高级会员。所谓资格匹配的意思是，当你拥有某个航空公司的高级会员等级后，你可以提供你的高级会员证明，要求其他航空公司给你对应等级的会员资格。

在免费注册成为航空公司会员以后，就可以开始累积里程了。方法主要有三种。第一就是之前提到过的，坐飞机积累，多参加航空公司的各种促销活动以获得额外里程。第二是利用信用卡点数积累，可以申请各大航空公司与银行合作推出的联名信用卡。国内的东方航空、南方航空、中国国际航空都和银行合作推出了联名信用卡。你平时的日常消费就可以累积里程，有的信用卡还有很高的开卡奖励和消费奖励。第三是通过酒店点数转换里程。希尔顿、万豪、洲际、喜达屋等几大酒店集团的点数都可以转换成航空里程。

1　书中提及的里程兑换方法依据 2017 年官方数据。实际兑换方法及细则，以航空公司官方实时发布信息为准。

喜达屋集团的点数和航空公司的里程可以按 1:1 转换，当转换点数达到一定量时，还可以获得奖励——每 2 万酒店点数可以多得 5000 公里里程，这一直是性价比最高的酒店积分计划。喜达屋集团已被万豪集团并购，万豪礼赏点数或丽思卡尔顿礼赏点数可以与喜达屋 SPG 点数按 3:1 的比例互转，应该说还是比较公平的。双方的高级会员还可以互相匹配会员资格。

如果里程实在不够，也可以在航空公司打折销售里程的时候直接购买，虽然这种做法要耗费一定成本，但通常比直接买机票要便宜得多，尤其是在旺季。普通人需要精打细算自不必说，事实上很多精明的富人也会采用直接购买里程再换票的方法。当你还缺一点点里程就够换机票时，购买里程也能一解燃眉之急。

当今世界有三大航空联盟[1]，星空联盟、天合联盟和寰宇一家，各有自己的长处和短处。星空联盟拥有最多航空伙伴，共 28 家，主要包括中国国际航空、汉莎航空、韩亚航空、全日空航空、美国联合航空、南非航空等，在亚洲、非洲、欧洲和北美的航线非常完善。它在非洲的航空伙伴是三大联盟中最多的，其短板是中东板块。天合联盟有 20 家合作伙伴，主要包括中国的东方航空、南方航空、中华航空、厦门航空，以及达美航空、法国航空、大韩航空等，最大的优点是拥有 4 家中国的航空公司。寰宇一家的合作伙伴最少，有 15 个，主要包括国泰航空、美国航空、英国航空、日本航空、澳洲航空、卡塔尔航空，在美洲很强大，但缺少非洲的航空伙伴。联盟成员之

1　三大航空联盟数据截至 2017 年。

巧积里程，多看世界。图为度假胜地毛里求斯 →

间可以互相积累里程，互相兑换机票。比方说，东方航空属于天合联盟，达美航空也属于天合联盟，乘坐东方航空的飞机可以选择积累本航空公司的常客里程，也可以选择积累达美航空的常客里程，反之亦然。但一旦决定将里程积累到东方航空后就不能再转而积累到达美航空。

在同一个联盟内，你可以使用里程兑换任意一家航空公司的机票。不过即使同属一个联盟，每个航空公司的常客计划都是独立的，里程也各自独立、不能互转。那么里程到底应该积在哪一家呢？没有十全十美的常客计划，只

有适合每个人自己的常客计划。如何选择，取决于你的居住地、目的地、常飞的路线、该航空公司的里程是否容易兑换、改签是否方便、是否允许停留和"开口"、税费及燃油费高不高，等等。权衡各个方面综合考虑，一定会有一家胜出。

对于出差多的商务人士，必然是每次飞同一家公司的航班，这样里程累积的速度最快。那么，对于经常自费买票旅行的朋友，是应该每次买最便宜的机票，还是应该集中火力坐同一家航空公司的航班呢？我们的做法是，除非机票真的打折到"白菜价"，或者是坐欧洲的廉价航空，其票价本就十分低廉，不然就一直"主打"一两家航空公司。即使有时机票会比别的公司的稍贵，长远来看最后一定是更实惠的。有人喜欢每次买最便宜的机票，最后哪一家的里程都积不起来，换不了票，或者虽然每家都累积了一些零星里程，但最后没有一家能积累成为高级会员。比如有个朋友一年飞了超过 10 万英里，如果集中在一家，那么就是最高等级的白金会员了。可惜他的里程分散在好几家航空公司，最后离每一家航空公司的高级会员都差那么一点，真是很可惜。

成为航空公司的高级会员，不一定非要辛辛苦苦飞满规定的里程。有时航空公司会推出挑战活动，这是一种优惠活动，让你在一段时间里只需要累积较少的里程就成为高级会员。比如美国航空最高等级的行政白金会员通常需要飞 10 万英里，但在 2015 年秋天的挑战活动期间，只需要飞 2.5 万英里，就可以成为行政白金会员。有人花了四五千元，设计了一个令人眼花缭乱的繁复行程，从上海飞到美国，前后经停十来个机场，一次性就飞成了行政白金会员。其实际飞行里程为 3 万多英里，而其间由于一路升级到金卡、白金卡、行政白金卡，又得到很多额外里程，最后到手的里程是 5 万多英里，将来可以兑换一张从上海到欧洲的单程商务舱机票，或上海到欧洲的往返经济舱机票。成为行政白金会员后，还可获赠四张升舱券。如果以后买了经济舱机票，使用升舱券后，就可以升级到商务舱机票，是不是很诱人呢？

再来谈谈国际酒店集团的常客计划。和航空公司一样，为了争夺客源，加入常客计划的会员可以享受到各种各样的福利。首先是会员的基本福利。比如，万豪集团最普通的会员就可以享受免费上网，而如果不是会员的话，一天的上网费可能高达 20 多美元。通常普通会员并不能获得房间免费升级，而有时酒店为了表达诚意，也会给予普通会员更好的待遇。有一次在罗马尼亚首都布加勒斯特的万豪酒店，虽然我们只是普通会员，但酒店主动把我们升级到行政楼层，提供免费早餐，还给予免费使用行政酒廊、延迟退房的福利，这些都是意料之外的"羊毛"。所以不管你入住哪个集团的酒店，事先注册成为会员都是有利无弊的。

其次，和累积航空里程相似，会员住酒店可以积累点数。累积到一定数量后可以兑换免费房间。每个酒店的常客计划都有自己的特色，也都会经常推出各种促销活动。我们参加过希尔顿集团住一晚送 5000 点的活动。我们住的是墨西哥城市中心的希尔顿逸林酒店，用点数兑换的话一晚需要 1 万点，然后获赠 5000 点，那么实际只花了 5000 点。而当时如果直接花钱订房的话是 150 美元左右一晚。这样的点数使用方式显然是非常合算的。而如果酒店本身积分兑换只需要 5000 点，再获赠 5000 点的话，相当于完全免费，一分不花。

#TableMountain   1. 33*54'21.90''S 18*25'15.70''E

↑ 星空联盟可以将你从世界各地带到南非的开普敦

↗ 拉斯维加斯欢迎宠物入住的旅居酒店

哪有　没钱没时间　这回事

万豪集团经常会有"买一送一"活动，就是说在集团旗下的任何一家酒店入住一晚（仅限一晚），就送一晚免费房间入住权可供将来入住。而如果是新会员的话，入住一次也会获赠一晚。如果将两个"买一送一"促销叠加在一起，就变成了"买二送二"。很多人会去最便宜的地方住两晚，这样就得到两晚免费入住权，可以在将来度假时住两晚相对昂贵的酒店。这样的做法类似于"跑里程"，玩家们称之为"刷房"。节假日，拉斯维加斯的酒店很贵，我们拿到了万豪集团的两晚免费入住权之后，就把其中一晚用在了拉斯维加斯。在赌城所有欢迎宠物入住的酒店里，万豪集团旅居酒店的风评最好，号称带树懒、企鹅去住都没问题。我们就订了这家酒店，大摇大摆地抱着黄咪进了大堂。果然前台对"喵星人"非常客气。酒店所有的房间都是套房，并带有厨房，无论是带宠物还是带娃都很方便。

　　再次，成为酒店集团的高级会员，可以享受到更多的福利，如免费早餐、免费升级房间、免费使用行政酒廊，等等。比如希尔顿集团的金卡会员，除了在个别高端度假村，一般都可以获赠免费早餐，这是相当吸引人的福利。高档酒店的自助早餐都不便宜，马尔代夫康莱德酒店的自助早餐价格更是高达100美元。如果你在这些酒店度假一周，因是高级会员而获赠免费早餐，那么两个人光早餐钱就省下了一大笔。另外，虽然理论上只有钻石会员才能确保获得免费使用行政酒廊的福利，金卡会员并不一定能享有这项福利，但实际情况是，我们每次入住希尔顿酒店，在欧洲、非洲、美洲、亚洲，都被升级到行政楼层，自然可以使用行政酒廊，这样早餐和晚餐都解决了。所以，持有一张金卡是非常值得的。此外，和航空公司的高级会员一样，酒店集团的高级会员也经常有机会匹配成为其他酒店集团的高级会员。比如我们是洲际集团的白金会员，就以此身份匹配成为希尔顿集团的钻石会员和凯悦集团的白金会员。

当你加入各种常客计划后，若遭遇服务质量不达标，一定要学会投诉。俗话说，会哭的孩子有奶吃。当遇到待遇不公，如果当场没有妥善解决，事后可以写信投诉。一般企业会视会员的等级予以一定的赔偿。比如航班延误

↑ 马尔代夫康莱德酒店的免费早餐

好几个小时，航空公司可能会赔偿几千航空里程，或者送旅客一张代金券。酒店也是如此。有一次我们入住希尔顿酒店，遭遇一系列不靠谱的事件，比如用房卡不能开门，在房间里上不了网，等等。我们投诉后，酒店给我们免了单。当然投诉要合情合理，不能为了"羊毛"而无理取闹。如果没事找事的话，很快就会上黑名单。那种为了赔偿"霸机""闹机场"的行为，不仅拿不到赔偿，还涉嫌违法。

前文已提到，在国外，获得航空公司里程最方便快捷的方法就是开信用卡，酒店亦然。航空公司和酒店集团为了吸引更多忠实用户，经常和信用卡公司联手，推出各种联名信用卡。这些信用卡通常都有很诱人的开卡奖励，比如直接送几万甚至十万里程或酒店点数，又或者用户使用这些信用卡可获得免费行李托运、免费进休息室、优先值机等福利。而十万里程往往可以换越洋的商务舱机票，或者好多张国内经济舱机票了。相比国外，中国无论航空公司还是酒店集团的常客计划起步都较晚，信用卡的福利也没有国外的多，积分返点也不够慷慨，但是一切都在快速的发展中，值得期待。

目前国内信用卡还是有不少好卡，但是要更快地积分，就需要参加信用卡公司的各类活动；有的信用卡则是通过"境外消费返点倍增"的规则来帮助客户快速积分。很多时候，当遇到某几个活动有积分倍增或叠加奖励时，要大力"突击"消费。作为工薪族，显然难以拥有很强的消费能力，这就需要扩展思路。比如说，有朋友要请客或大宗消费，就由你刷卡，朋友再返给你现金，这样就达成了刷卡消费目标。时机也很重要，按我们一个国内"羊毛界"高手朋友的话说，一旦有活动，就用吃奶的力气刷卡。前不久他就炫耀了一张机票，说是吃油条刷卡换的票，其实是买全公司的早饭刷出来的。对于热爱旅行的朋友，思维方式最重要，机会总是垂青于有准备的头脑。当有一天别人还都没弄明白是怎么回事的时候，你已经坐着免费航班轻轻松松地四处游荡了。

　　用积分来换免费机票和住宿，一般就是在航空公司和酒店集团的官网上兑换。平日处处留心，聚沙成塔，积少成多，在合适的条件下，里程和点数攒起来会比想象的快。总之只要你有足够的里程和点数，绝大部分的旅行开销都能省下来。自己平时生活再节省一些，多在家里吃饭，少买几个包包，一年度两次假是完全没有压力的。

旅途中你
想象不到的
各种免费项目

世界各地都有很多免费旅游资源，有的你根本就想不到，让你不花钱看大世界。

如果你在一个境外机场转机的等待时间很长，是否考虑过出境来个一日游？但是否又觉得还要做很多功课很麻烦呢？不少航空公司，比如新加坡航空为了吸引过境游客，向乘客提供转机一日游服务，真是很贴心呢。

卡塔尔航空公司提供的多哈转机半日游则更周到，连签证都一并包办。半日游一天有好几班，时间较短，三个小时左右，主要参观高楼林立的新城区、充满异域风情的老城区和类似迪拜棕榈岛一样的奢华人工岛。多哈市区的景点并不太多，三个小时足够一览城市风貌，导游还会留出时间让你在老城里逛街购物。中东不像欧洲的城市那样公交方便、四通八达，如果要自己游览一个城市大多依靠乘坐出租车，那会是笔不小的开销。因此这个免费游非常热门，而每一班的人数都有限制，下了飞机要第一时间去柜台报名。

过境时，如果是晚上到达，第二天早上离开，因而无法参加半日游，卡塔尔航空可以提供免费住宿，一般是市区五星级酒店，包含三餐餐券。所以从中国去中东，如果机票价格差不多，不妨选择卡塔尔航空。其提供的福利这么好，长时间转机也不怕，还可以多玩一个城市。

为乘客提供免费住宿的，还有埃塞俄比亚航空。如果你在埃塞俄比亚首都亚的斯亚贝巴中转，时间在八小时至二十四小时之间，埃塞俄比亚航空会提供免费酒店住宿、三餐和过境签证——毕竟是曾获得"非洲最佳航空公司"这一殊荣的。此外，如果你在白天转机，但是停留时间很长，可以去中转服务台领取餐券。绝大部分游客，包括很多旅游达人都不知道这个秘诀。很多朋友去南非和塞舌尔会搭乘埃塞俄比亚航空的航班，转机时间经常长达十多

← 金碧辉煌的梵蒂冈博物馆图书室

个小时，一定要记得这一项福利。

在欧洲旅行，有很多不可不看的景点。如果关注一下各大景点的免费日，将小钱省下来，加起来也是不少钱。我们在意大利时去庞贝古城参观，早上去门口买票，对方却告诉我们今天免门票，真是让人喜出望外，也不知是什么理由，反正让我们"闷声发财"了。第二天一大早我们就去梵蒂冈博物馆门口排队，因为是免费日，全城的闲人都会挤去。这个倒是我们计划中的——每个月的第一个星期日是当地的博物馆免费日。一连赶上两个免费日，两人省下几十欧元，真是得来全不费功夫，全部用来吃提拉米苏了。

自从享受过免费日福利，我们就常常留心这方面信息，制订旅行计划时多留一个心眼，看看景点，尤其是博物馆有没有免费日。现在意大利政府鼓励国民少"宅"在家、多外出活动。每月第一个星期日，几百处公立博物馆、画廊、历史古迹等免费开放，包括庞贝古城和罗马竞技场。在法国巴黎，每个月的第一个星期日是博物馆免费日，要去参观卢浮宫的话可以考虑这一天，每人省下 15 欧元正好吃蜗牛。

美国最壮美的自然风光，云集于西部的国家公园。几乎每一个来美国的游客，都想看一眼气势磅礴的大峡谷。即使不爱自然风光的人，也不能免俗地要在大峡谷边拍张"定妆照"，发在"朋友圈"嘚瑟。美国国家公园管理局每年会把一些日子设定为免费日，具体可上官网查询。

美国的国家公园一般是按车收门票，一张票管七天；而加拿大的很多公园是按人头、按天收费。如果一大家子一起在加拿大度假两周，门票也是一笔不小的开销。好消息是，为了庆祝加拿大的 150 岁生日，2017 年加拿大的全部国家公园对所有人敞开大门，但需要预订免费年票。每一个国家公园

班夫国家公园路易斯湖日出 →

都有其独特的魅力和令人沉醉的自然风光，而落基山脉地区美到极致的湖光山色，在全世界范围内也是屈指可数的。都说一个班夫国家公园等于二十个瑞士，《国家地理》杂志也给予高度评价——"这个地方永不令人失望"。和班夫在同一区域的杰士伯国家公园，堪称落基山脉的精华。冰川、峡谷、山脉、湖泊、森林、草甸、野生动物……这里有你想看的一切自然美景。

很多旅游城市为了吸引游客，提供免费步行观光团。比如在南美洲阿根廷首都布宜诺斯艾利斯、智利首都圣地亚哥，欧洲罗马尼亚首都布加勒斯特、保加利亚首都索菲亚，我们都遇见过这样的步行观光团。一般每天上午、下午各一班，雷打不动，风雨无阻。无须预订，只要在指定地点集合就好。跟着导游可以了解更多的当地历史文化，即使你做了再多功课，也不可能比当地人知道更多。导游大都是年轻的志愿者，热情开朗，英语流利，对当地文化、民俗风情、名人逸事等都能娓娓道来，很是生动有趣。我们在圣地亚哥逛街，正好撞上一个步行观光团，于是随其一路看了不少景点，听了很多八卦。连当地的流浪"汪星人"都加入进来，一起去了聂鲁达故居。

免费信息从来不缺，但可能随时发生变化，也可能有更多更新的免费资源出现，记得出发前要多做功课，获知最新信息。

去哪里 哪里打折

　　平日里你去超市买菜，是买最想吃的东西，还是买打折的商品，或是买本身就便宜的食物？大概兼而有之吧。如果你注意一下，会发现有些人买菜完全不看价钱，喜欢吃啥就直接往小推车里扔；有些人手里拿个小清单，只拿自己需要的；有的人则直奔各个打折商品而去。我们的一个朋友就是最后一种，她说所有的东西都是在轮流打折，有荤有素，有奶类有豆制品，里面肯定会有自己喜欢的，然后搭配起来做菜就好。她自己是做饭小能手，自然搭配各种食材游刃有余。如此精打细算过日子，每个月的伙食费比别人至少省一半呢，这就是巧媳妇的买菜省钱妙法。

　　旅行也是一样。你是去最喜欢的地方，还是去最便宜的地方？经常有人问我们是怎么决定每年的旅行目的地的。我们的回答是，跟着价格走，跟着机票走，哪里打折去哪里。世界那么大，有意思的地方那么多，总有一处在

← 坐廉价航班去看哥本哈根新港

↑ 布拉格黄金巷，卡夫卡曾是这里的居民

打折。当然你也需要心里有个要去的地方的名单，并且对这些地方有大致的了解，才能说走就走。有时候未必你想去的地方在打折，但是附近的航空枢纽城市在打折，那么你可以先飞到这个枢纽城市，再乘坐廉价航空到达你的目的地。比如说你想去丹麦，但机票很贵，而伦敦经常打折，那你可以先飞到伦敦，再搭乘易捷（Easyjet）航空公司的廉价航班飞到哥本哈根。

如何才能买到特价机票？人们通常认为，机票总是越早买越便宜。而我们的经验是，很多航空公司，都是在飞机起飞前两个月左右促销打折，因此，并没有必要提前很久买票。而且计划永远没有变化快，起飞的时间如果是半年以后，也许到时候你的想法已经变了。我们就曾经取消过好几次这样的机票，因为有了更感兴趣的地方。我们有个也走过百国的朋友，从来不提前两个月以上订机票，原因主要也在这里。

航空公司按照历史数据划分销售季节。每家航空公司的划分方式略有不同，但是一般分为淡季、平季、旺季。有的航空公司还在同一季节内再细分。多数航空公司都是以出发日期确定销售季节。通常来讲：1月到3月初（春节除外）、11月到12月初的价格最为便宜；4月到5月、9月到10月其次；6月中旬到9月初的暑假、12月中旬到1月初的新年、春节期间，价格最贵。国内的几个长假，除了春节，五一小长假和国庆长假在国外都不属于旺季。只要大家不一窝蜂去同一个地方，找到便宜机票并不困难。如果能灵活使用年假，选择淡季出行就更轻松愉快了。

要买到打折机票，我们一般有三种方法：第一是经常去查票网站看看当前哪里在促销，比如"携程""去哪儿""天巡网"。多刷机票，必有收获。如果你已经计划了目的地，但时间还没决定，可以看票价趋势图。如果你没有特定的目的地，则看从自己所在城市出发的特价机票，去最便宜的地方。国外有个使用起来很方便的网站——"客涯"（Kayak），可以按照出发的机场罗列你需要的日期的打折机票，去各地的最低票价一目了然。"去哪儿""携程""飞猪"也都有不错的搜票功能。

第二是订阅各大旅游网站和航空公司的邮件，每次一有促销，就会收到邮件提醒。还可以关注各大航空公司的微博、微信公众号，一有打折就知道。建议你在货比三家、了解行情之后，去航空公司官网订票。因为如果通过第三方代理商买票，万一需要改签、退票，可能会有各种麻烦。如果差价并不大，那么宁可通过官网订。

第三，找到特价票还有一个另类的方法是加入一些"驴友"群，最好是同一地区的，大家平时分享信息，互通有无。比起前两种方法，这种方法其实效率更高，还很方便结伴同游——经常是有一个人买到了特别便宜的机票，然后吆喝着找小伙伴同行。要找到这些"驴友"，平时可以多去"穷游""飞客茶馆"转转，自然能遇到很多同好。有些便宜得不可思议的机票，一般更容易在小圈子里信息流转，查票网站和航空公司官网都不太可能公布，因为这种机票很可能是错价票。

什么是错价票？顾名思义，错价票就是航空公司标错价钱的机票，价格往往比廉价航空大促更诱人，通常可遇而不可求，也不见得就是让你满意的日期。但是航空公司的电脑系统不时会出错，便宜到两折的错价票，几乎几个月就发生一次，只要多留意，总能抓住一两次机会，找到你中意日期的机票。

那么，对于错价票，航空公司都会承认吗？这个很难说，完全靠运气。各地的航空公司做法也不同。理论上美国较为保护消费者，国家运输部有法令规定，已售出的机票不可涨价，就是说乘客只要成功购买了机票，不管价钱是不是错误，都受此项法令的保护。比如 2015 年美国航空公司出现过一次错价票，从美国到北京的往返商务舱机票最便宜的仅 400 多美元，他们承认了错价票并祝购买成功的乘客飞得开心。

但这种对于消费者的保护，是基于各种条件的，不等于航空公司任何时候都必须自认倒霉。同一年，美国联合航空也出现了错价票，在它的丹麦官网购买从英国前往世界各地的头等舱机票，只需要 50 美元。当时我们的很多小伙伴都欢呼雀跃，及时出手买了好多张。有人在开会，脸上不动声色，手上忙个不停。但是这次航空公司强硬地拒绝了，理由是错误的票价是公司官网的丹麦分站未切换汇率造成的，而法令只保护在美国官网购票的消费者，大家就只好空欢喜一场。美国的三大航空公司里，达美航空承认错价票的次数最多，2016 年出现过零元机票，竟然也承认了。所以，一切皆有可能，抢到了错价票，不要得意忘形，因为可能会取消；错过了错价票，也不必捶胸顿足，因为保不准会有下一次。

面对错价票，你准备好了吗？一旦发现，出手一定要快。在第一时间就要订票，最好是能立马出发。如果学生朋友正值假期，那么完全可以做到。航空公司从发现错价票到发布声明取消机票，往往要间隔一段时间，有可能几天，有可能一两个礼拜。如果在这之前你已经成功飞走了，那么恭喜你。比如 2012 年著名的仰光错价票，前往世界各地最低仅需 200 美元。历时两个多月的票价出错，全球很多航空公司被卷入此事件，全因为缅甸汇率变成浮动汇率后，各大航空公司的售票系统并未及时跟进调整汇率。最后，有的航空公司取消错价票，有的虽然取消但给予一定金额的经济补偿。但是对于已经飞走的乘客，航空公司不予追究。总之，若有错价票，越快出发越好。

晚出发还有个问题是夜长梦多，可能过了很久，自己的计划已经改变，早买的机票用不上了。比如2014年夏天，有过200多美元从北美出发，经停米兰、布拉格，最后到达北京、上海的错价票。对于很多留学生和华人来说，这是非常划算的回国机票，又能顺便玩欧洲两个城市。于是很多朋友纷纷出手，大多将起飞时间选在秋冬假期。假期多的朋友索性把布拉格作为一个停留点，连带把周围的德国、奥地利都玩了一圈再回国。而有的朋友虽然一开始如意算盘打得不错，过了几个月后，由于各种原因无法动身，而错价票是无法改签的，只好浪费了200多美元。可见，错价票总是伴随着一定风险，购买时要有承担损失的心理准备。

错价票本是捡便宜，不可能享受到所有便利。如果你试图改签，那么新机票会重新计算价格，相对错价肯定就非常贵了。所以要确定自己能出行才出票，一旦订了票，就根据机票的时间修订行程，不必强求完美。订了机票不要急于订酒店或其他不可免费更改的项目。因为机票有可能被取消，在航空公司发声明之前，先耐心等待。万一最后不成，也不会有任何损失。

只要平时有心留意，就会发现低折扣机票多得是，不用愁便宜机票没有，只会恨自己假期太少。有个朋友经常会抱怨，喜欢出去旅游，但从来买不到便宜机票。我们就想，这怎么可能呢？事实是，她每天从晚饭后到睡觉前，雷打不动要花四个小时"追剧"。我们建议她花三个小时"追剧"，再花一个小时看机票，保证能找到便宜机票。她就是不干！太懒就没办法了，就算是天上在哗哗掉金子，你也得开门出去才能捡到吧？即使是零元的错价票，你也得点点鼠标才能买到，是不是？躺着不动，等天上掉馅饼，还能正好掉

↑ 2016年秋季，航空公司打"价格战"时，中美间最便宜的机票低至约400美元。何不利用这种机会去美国看大峡谷？

在嘴里，这估计和中彩票一样稀罕。

　　还有一种变相的打折，就是汇率变化。当一个国家货币贬值，就是出游的最好时机。英国脱离欧盟的时候，英镑大跌，这时候全世界都慌了，只有中国人没慌，很多人飞去英国"血拼"、旅游。有一年委内瑞拉货币大贬值，1美元可换到100委内瑞拉币。人人想买外币保值，美元供不应求。有朋友去其首都加拉加斯，从飞机上的邻座当地人，到机场的搬行李大叔，看到她是外国人，纷纷要求换币。行李还没拿到，已经换了一大堆的当地货币，非常搞笑。但是这两年委内瑞拉货币越贬越厉害，国内形势大乱，安全没了保证，再便宜也不去为妙。

巧用当地旅行团

　　大家都听过武松打虎的故事吧？话说武松在景阳冈，看到树上的告示写着"近因景阳冈大虫伤人，但有过往客商，可趁午间结伙成队过冈，请勿自误"。可以这么说，这就是一个中国古代的旅行团告示——有的时候并不是你想自由行就可以自由行，不是所有人都有武松的本事。大多数时候，我们都是自由行。但在很多原始、偏远、难以到达的地方，即使你想自由行也办不到，或者勉强自由行，却可能有过多的艰难险阻和安全隐患，最后的开销反而比跟团更多。在这种情况下，不要勉强硬充武松，参加一个当地的旅行团才是明智的选择。

　　这样的当地旅行团，一般都是食宿门票全包，有司机、有导游、有厨师，游客什么都不用操心。如何寻找好的当地旅行团呢？最简单的方法就是去"猫途鹰"看风评，或者请去过该地参团旅游的朋友进行推荐。即使有看中的，也不是必须在出发前就订下来，因为给外国游客的报价都是最贵的。而如果你已经到了当地，价钱马上降下来好多，你再货比三家砍砍价，一定会拿到满意的报价。所以，我们在需要找当地旅行团的时候，都留出一些富余时间，在当地寻找合适的旅行团。只在一种情况下，我们会建议预订旅行团，就是行程太紧张，时间完全耽误不起，为省钱误了大事就不好了。比如去肯尼亚看野生动物，旅行社的品质太重要。如果匆匆忙忙挑了家服务不到位的，就因小失大了。

记得我们去看玻利维亚著名的乌尤尼大盐湖，那时大多数人都会参加一个三天的旅行团，看"天空之镜"、高原湖泊、地热喷泉。一辆四驱越野车上坐七八个人，车顶载着所有吃的用的。大部分时间不是在山间迂回，就是在高原上飞奔，根本就没有路，很多地方崎岖难行、坑坑洼洼，哪怕走路都很费劲，司机居然还能开得游刃有余。遇到车辆出问题，路上的司机都会停下互相帮助，应该是当地旅行社的行规。在当地是没法租车的，只能从首都租了车一路开下来。而即使可以租到车，路况之差随时可能会让车子出状况。单独一辆车自驾属于不理智行为，我们也不想给自己找麻烦。

到达乌尤尼小镇时是傍晚，我们看到主街上好多旅行社，就逐个问报价。有好几家的价格、服务都差不多，一时难以决定。这时正好也是旅行团返回的时间，其中两家旅行社门口都停着辆风尘仆仆的越野车，游客们正在从车顶卸行李准备离开。于是我们马上到其中一家旅行社的门口拉住几个游客询问一番。这几个欧洲小伙对景色和服务赞不绝口。而另一家旅行社的游客竟然说没有看到"天空之镜"。那我们也不再犹豫，选了前一家。在当地找旅行团有一个很大的好处，就是容易得到第一手资料。这家旅行社也果然没有让我们失望，三天的体验非常完美。而两人的团费一共200美元都不到，实在是太便宜了，要是自由行肯定不止这点。

在一些基建落后且局势不稳定的地区，自由行就更不可行了。比如埃塞俄比亚北面阿法尔地区的达纳吉尔凹地，是世界上最炎热荒凉的地区之一，也有着地球上最令人叹为观止的自然奇观。这里遍布硫黄地热，有着达罗火山等世界上最奇异的地貌。要想目睹各种致命的美景，不跟旅行团几乎是不可能的。一年中温度最低的冬天，平均温度也在40摄氏度以上。路况极端恶劣，即使你有车可以自驾，也保不住车辆出状况陷入困境，而在荒漠之中连个救应的人都找不到。我们参与的那一团的车队有11辆车，编上编号，前后照应，因为爆胎、抛锚什么的在当地太常见。

前往阿法尔地区的门户城市是麦克雷，每天从埃塞俄比亚首都亚的斯亚贝巴都有直达航班。到了麦克雷，有大量的旅行社可供货比三家。各家旅行社的路线都是一样的，但由于住宿标准的不同，价格差异相当大。便宜的旅行社都是风餐露宿，甚至四驱越野车连空调都没有，一路开着窗，每天都是"满面尘灰烟火色"；比较贵的旅行社，吃住都相对讲究，有的还提供淋浴。一分价钱一分货。毕竟是天气条件非常恶劣的地区，想象一下在四五十度的高温天气下四天不能洗澡吧。身体不是太强壮的朋友，还是选择舒适些的为好。我们有位美女团友就病了两三天，让人看了心疼。

我们选的旅行社价钱和服务都很大众化，网上风评褒贬不一。开价一个人600美元，我们还到500美元。其实杀价再狠一些估计也没问题。遇到一对新加坡小夫妻，砍到一个人400美元，听着让我们好羡慕。新加坡先生杀

玻利维亚的高原红湖

↑ "天空之镜"

↗ 需要持枪保镖护送前往的达罗火山

价很有经验，他说："我就把网上看到的差评直接转给他们，对他们说，我不信任你！要想和我成交，必须再给我打点折。""啊，原来这样都可以。那万一旅行社听后生气了，原来讲好的价钱都不给你了呢？""不会啦，旅行社做生意当然是为了赚钱，给了低折扣以后他们仍然能赚，一般都会成交。"涨知识了，这才是难得的砍价经验"干货"，下次就这么来。

　　旅行结束之后，觉得旅行社服务也算中规中矩，除了吃得很一般，其他也没有特别离谱的地方。在这里必须跟团还有一个重要原因，阿法尔地区地处埃塞俄比亚和厄立特里亚交界处，边境局势紧张。前几年发生过游客被当地部落武装分子绑架撕票的事件，以至于国家为了保护游客出台安保措施。现在持枪保镖是所有旅行团的标准配置，确保安全无忧。即使发生突发状况，有当地保镖从中斡旋，结果也会是完全不一样的，也许就是生与死的区别。

　　如果你预订了当地旅行团，往往在机场或者车站会有导游来接。若看到有人来接你，不要以为就万事大吉了，一定要多留一个心眼。你一定要问："你叫什么名字，是哪一个旅行社的？"而不要问："你是不是密斯托·侯赛因？"如果你这么问的话，对方可能顺口就说他是，然后你就糊里糊涂跟人走了。据说在约旦的红沙漠，车

纳米比亚红沙漠中的死亡谷 →

站通常有很多来拉客的当地人，个个长得很像。如果你一时没和你的导游接上头，问他们谁是侯赛因，所有的人都会自称是侯赛因，然后拉着你就走。我们当时的导游特地在邮件里附上自己的帅照，千叮咛万嘱咐，让我们不要认错导游上错车！

万一在沙漠里真的不小心跟错人了，后果倒也不会太严重。这些人大都是"地接"导游，当地没什么治安问题，就是原先的导游比较命苦，被人挖了墙脚。但如果是在不甚安全的大城市里，下场可就难说了。说不定将游客拉上车，洗劫一空后再丢到什么角落里。我们到达亚的斯亚贝巴机场时，没有被导游接到。他在电话中声称正在赶来，被堵在路上。过了一会儿，有个机场工作人员模样的人对我们说，旅行社的人来了。我们转头一看，一个狮子王发型的"古惑仔"青年匆匆走来，和我们打招呼。当下觉得很可疑，于是问他叫什么名字，旅行社在哪儿，我们的行程具体是什么样的。所有的信息都对上，这才跟他走。在这种情况下，有可能是"古惑仔"和机场里的人串通好，来冒充导游。后来和其他团友聊起这事，大家纷纷对他的发型大摇其头——这副尊容，能让人信任吗？

有时我们参加当地旅行团是临时起意，却有意想不到的惊喜。一次在纳米比亚的红沙漠，我们打算一早自己开车去死亡谷，看沙漠里矗立了一千多年的枯树。结果公园工作人员告诉我们，公园里对自驾车有管制，一大早不可以自行开出营地，但是如果跟团的话，可以一早就走。一问价钱也不贵，我们就从了。出发真的是非常早，四点半集合，五点就出发。我们四点就得起来，那时天还漆黑，真是好痛苦。但是，我们看到了沙漠里最美的日出，这本来不在我们的计划之内，但被旅行团设计在行程里了。看完日出后，大家坐在沙丘下，享用了非常美味的早餐。没想到这半天的旅行团，公园会用心准备如此丰盛的早餐，感觉那是一年里最开心难忘的一个清晨。

希腊著名的蓝顶教堂与爱琴海邮轮 →

坐邮轮　省心省钱

说到邮轮，既不是"游轮"，更不是"油轮"。经常有人误以为邮轮是有钱人的享受，其实恰恰相反，有钱人更热衷于私人游艇，在国外大型邮轮早就是平民的娱乐项目，更多的人是图方便省钱才坐邮轮。现在每年全球邮轮乘客达到数千万人次，绝大部分是普通百姓。欧美人最爱坐邮轮度假，吃喝玩乐全都包，悠闲自在不操心。尤其是当你带上一家老小时，会感觉比陆地自由行少操心太多。如果避开旺季，不论是在地中海、加勒比海，还是在阿拉斯加，一周左右的邮轮游，两人舱 299 美元／人的优惠时常可见。这样的价格，你会觉得贵吗？相比动辄两三百美元的高档酒店，住在海上移动的度假村里合算多了吧？

坐邮轮是度假最轻松的方式，利用夜间航行，白天靠岸观光，效率非常高。尤其是加勒比海，如果坐飞机飞去一个个小岛，机票酒店可不便宜，着实劳民伤财。加勒比海邮轮当之无愧性价比最高，难怪成为全球邮轮市场的龙头老大，邮轮线路全年无休。除了省钱还省事，持中国护照的乘客坐加勒比海路线的邮轮（包括去往墨西哥），登船只须出示回美的证件，凭船卡上下船，不需要停靠国家的签证[1]。

想要一次完美的加勒比海邮轮之旅，选对季节很关键。出发时间若是节假日旺季，比如圣诞、新年，不但价钱是一年中最贵的，还需要提前半年以上预订。每年春秋是邮轮淡季，打折力度大。1 月中旬到 2 月，相对算是淡季。感恩节和圣诞节之间也比较便宜。但是光看价格还不行，还得有好天气。

1　此为 2017 年信息，如之后签证信息有变化，请以各国家（地区）官方发布信息为准。

加勒比海的飓风季是从 6 月到 11 月底。飓风季节，一般只要出发港口不是飓风登陆点，邮轮就会照常出发，但可能改变航线，有些原本心仪的港口也许无法停靠。遇到大风大浪时，可能会晕得吃不下睡不着，那就成了花钱买罪受。而由于天气原因改变路线，邮轮公司有免责条款，乘客无法拿到任何赔偿。天气最好的季节是 12 月到来年 4 月，没有飓风，雨水少，风和日丽，阳光灿烂。因此春节期间坐一次加勒比邮轮是相当合适的，毕竟蓝色的加勒比海才是大家的心中所爱。

加勒比海的路线一般分为西线、南线和东线。行程短则三五天，长则十多天，最主流的是八天七晚。西线一般从美国得克萨斯州的休斯敦或路易斯安那州的新奥尔良出发，经停牙买加、开曼群岛和墨西哥，游览重点是古老神秘的玛雅文化，在海上的时间比较多。东线则主要从美国佛罗里达州的迈阿密出发，停靠巴哈马、美属波多黎各、美属维尔京群岛等地，观赏重点是阳光沙滩和圣胡安的世界文化遗产。剩下的南线是最吸引人的，通常从美属波多黎各出发，深入加勒比海一连串各有千秋的小岛国，基本上每天看一个。

无论选择哪一条路线，都会有全天不靠岸漂在海上的时候，这时会不会无聊呢？船上的活动多姿多彩，你不下船也闲不下来，根本不会有打发不掉的时间。每天晚上都会发一张清单，列着第二天的全天活动项目。爱读书的去图书馆，爱文艺的逛逛画廊、见识见识拍卖会，爱看电影的去游泳池边躺椅上躺倒看大屏幕电影，爱跳舞的去跳恰恰、探戈、华尔兹，爱运动的去健身房跑步、举铁、上瑜伽课，爱购物的逛免税商店，喜欢试手气的去赌场玩到天昏地暗。还有各种表演、比赛，什么水果雕刻、烹饪表演、折毛巾大赛，以及剧场里的各种秀——滑稽、魔术、歌舞，五花八门，应有尽有。不管你

哪有　没钱没时间　这回事

多次被评为世界最美沙滩的美属维尔京群岛象鼻湾 ↑

有什么样的爱好，都有适合你的活动。

如果说你没有任何爱好怎么办呢？那你对吃总有兴趣吧，没人会对令人垂涎三尺、食指大动的美食无动于衷。邮轮上大大小小的餐厅有很多，绝对是吃货的天堂，每人下船胖十斤。除了个把高级餐厅需要加钱，其余全都免费。各国风味的菜式，龙虾、牛排、鳕鱼，一人还可以点多份。不要担心不好吃，我就亲耳听到服务生在边上对人说："想点什么点什么，不好吃再换一份！"吃完了还有精致的甜点、丰盛的水果。只要你有胃口，一天想吃多少顿都没问题。早餐、午餐、下午茶、晚餐、夜宵，还有全天开放的自助餐厅，可以让你24小时吃不停。听说很多人上了船就是为了花天酒地、胡吃海喝，过夜夜笙歌的日子，到了港口都不下船。

加勒比海路线的邮轮公司主要有嘉年华邮轮、公主邮轮、皇家加勒比邮轮、挪威邮轮、荷美邮轮、迪斯尼邮轮。其中最热门的是嘉年华邮轮、公主邮轮、皇家加勒比邮轮。皇家加勒比邮轮最为豪华，业界口碑好，价格也较贵，旗下名人邮轮（Celebrity）系列走的是高端豪华路线，而其海洋绿洲号（Oasis of the Seas）是世界最大吨位的邮轮。公主邮轮价格适中，食物风评好，也相当受欢迎。嘉年华邮轮外号"邮轮界的沃尔玛"，走的是低价路线，以着装随便和通宵派对来吸引年轻人。正餐不需要穿盛装，穿普通的衬衫裙子就可以。我们甚至看到有人穿T恤短裤。大家都笑说，估计只要不穿比基尼，就不会被赶出去。

同一艘船上，舱位决定价格的高低。通常船舱分为四种，价格从高到低为套房（Suites）、阳台舱（Alcony Stateroom）、海景舱（Oceanview

Stateroom）、内舱（Interior Stateroom）。套房面积宽敞、装修豪华，浴室里还带 SPA。阳台舱的房间外面有个小阳台，游客可以坐在椅子上看海景喝红酒，适合情侣耍浪漫。在海景舱，可以隔着玻璃窗看海。在内舱就什么都看不到了，好处是最便宜。其实对大多数人来说，大部分时间都不会待在房间里，有没有海景无所谓。

每类船舱一般都有双人舱、三人舱和四人舱。楼层越高也越贵，但很多人并不清楚，越高的楼层越晃也越容易晕船，而一般船头比船尾感觉更明显。还要注意噪音问题，底层船舱，比如第一、第二层，有可能感觉到引擎噪音。在公共空间，比如舞厅、餐厅的楼上，可能会有噪音。当选定一艘船后，你需要仔细查看一下船舱的布局，以便决定自己订哪一间房间，就像登机前选位一样。建议第一次坐邮轮的朋友，订低一些的楼层中间的房间先体验一下。邮轮的报价是单人价格，但船上并无单人间，房间必须两人起订。如果你只是一个人坐邮轮，也要付两个人的钱，所以一定要找个小伙伴。如果是很多人一起订票，可以拿到更多的折扣（Group Rate）。

了解了以上所有信息，你已经对加勒比海邮轮有了基本的认知，现在就可以按照自己的需求动手订票了。然后问题来了，应该去邮轮公司官网，还是五花八门的第三方预订呢？在很多网站都能预订邮轮，比如"携程""Orbitz""Expedia"。我们的做法是先在这些网站比一比价，如果和官网差别不大，尽量在官网上预订。如果出了什么问题，可以直接和邮轮公司交涉；通过第三方的话，经常会被"踢皮球"。如果很清楚你想要的时间、出发港口以及邮轮的具体名字，还可以去"Cruise Compete"看看。这个网站会把你的具体要求发给众多参与的旅行社代理，然后代理会根据自己

↑ 晚餐时可以无限量点的龙虾

↓ 双人舱

哪有　没钱没时间　这回事

的情况给予回复。你可以从众多代理的回复中选择几家具体咨询，最后选定你的出票代理。找第三方的好处是，在和邮轮公司报价一样的情况下，第三方可能多一点船上消费额度（On Board Credit），可能让你享受到免费升级及其他小优惠，比如获赠一瓶香槟。

我们最近一次坐邮轮，是在 2015 年的 11 月底。当时我们想去从未到过的小岛，不希望在海上的时间太多，价格也想要实惠些。通常提前三个月以上预订比较便宜，我们首先于 7 月在各个旅游服务网站搜索一番后，发现嘉年华邮轮自由号（Liberty）走的加勒比海南线最符合要求。然后再去嘉年华邮轮官网，一查价钱也差不多，最低是 499 美元 / 人，观望一阵子后就在官网付了订金。499 美元 / 人是基本价，最后付出去的还包括各种税费、小费及其他消费。税费和小费是每个人必须付的，其他消费则因人而异。小费一般一人一天 10 美元左右，其他消费包括上网、酒水、晚礼服照片、洗衣、美容、赌场、机场接送、岸上活动，等等。

从官网订还有个很大的好处，有价格保护（Price Protection）。如果你预订邮轮后发现降价了，可以在官网填表格申请价格保护。如果你只付了订金，邮轮公司会直接降低总价。如果你已付全款，那么差价会作为消费额度出现在你的账户里，结账的时候可以用来付小费以及其他船上的开销。因此订完后别忘了上官网看看价钱有无下降，在邮轮出发前一两个星期会经常打折。我们后来发现，预订的舱位降了 20 美元，便及时向邮轮公司要了回来。

付完了订金，马上收到嘉年华邮轮公司发来的确认信，我们就可以用确认号登录官网，填写护照信息，选择晚餐时间，预订岸上活动等。每次登录网站就会看见倒计时，它提醒你还有几天几小时几秒就要出发了，简直让人无心上班。安排岸上活动主要有三种办法，第一是直接在邮轮公司订，最方便省事，价格也相对贵一些，热门的活动需要早订。第二是找当地的旅行社，对方会派专人在邮轮码头接送，价格便宜一些，也可以砍价，一般服务也不错。第三是自己租车、搭乘当地公交车，或坐出租车去目的地，选择这种模式需要自己做功课，但是行程自由。

我们乘坐的邮轮从波多黎各出发，途经美属维尔京群岛、巴巴多斯、圣卢西亚、圣基茨、荷属圣马丁。多方咨询后，决定在圣卢西亚找当地旅行社，在其他小岛坐出租车或是公交车。巴巴多斯有美丽的粉色沙滩，浮潜看沉船和海龟非常棒。圣卢西亚有活火山，游客可以洗泥巴浴，这是此行风光最旖旎的小岛。圣基茨号称岛上绿猴比人多，有趣吧？世界文化遗产硫黄石山要塞值得一看。圣马丁的玛侯海滩恐怕是世界上最好玩的沙滩，因为紧临机场，一架架飞机贴着头皮飞过，航空迷一生必到。这一路，我们每天都几乎是最后十分钟才上船，玩得不亦乐乎。

如果自己做了很多功课，还是有吃不准的问题，那么有一个网站可谓包罗万象。基本上你想到的问题，都能在上面找到答案。那就是"Cruisecritic"，可谓邮轮爱好者的大本营。网站论坛根据邮轮公司、线路、港口、乘客种类等分门别类，世界各地的邮轮"粉丝"在上面交流经验。如果你有什么初级问题，保证有很多热心的资深玩家会很耐心地答疑，提出各种建议。不用担心自己是菜鸟会没人理，你一定会收到洋洋洒洒的回复。

一艘邮轮并不一定走固定的路线，而是经常全球游走。我们曾在邮轮上遇到做侍应生的中国女孩，已经跟着邮轮在全世界走了好多地方。在邮轮上工作，其实也是周游世界的一种方式。朋友认识的一个女孩，在邮轮上做收银员，不但走遍了六大洲，而且被船上所有男生追求，听上去生活实在太美好了。她原本是办公室里朝九晚五的文员，突然有一天灵光一闪，投了个简历给邮轮公司，从此人生便改变了。写到这里，我们心里又蠢蠢欲动了，恨不得马上再来一趟邮轮之旅。

做金钱的主人

　　人在旅途中，机票酒店、吃喝交通的消费都是很重要的开销，虽说能省则省，然而节省并不是终极目的。省钱的含义其实是：花小钱得到最大的享受。

　　很多积分爱好者视里程如生命，为之如痴如醉、走火入魔。经常听说有人为了"跑里程"连飞十几个城市，连机场都不出，回家后头昏眼花上不了班。还听说有人为了"刷房"弄出肺水肿。"薅羊毛"这件事，适合细水长流，不宜用力过猛。如果过于贪心，使用一些"黑科技"，也许得利一时，但往往最后损失更大，成为信用史上的污点，甚至触及法律问题。"薅羊毛"是为了旅行，而旅行不是为了"薅羊毛"。为了"羊毛"而废寝忘食、茶饭不思，恐怕就本末倒置、得不偿失了。时间也是成本，健康也是财富，把握平衡就好。

　　不管是钱还是积分，最终是为人服务的。赚到积分就是为了用，千万不要屯，既没有利息，还不断贬值。有人屯了几百万里程不舍得花，看着不断变大的数字沾沾自喜，想着退休了慢慢花。还有人一定要把积分用出最大价值，而不是该用的时候就用。结果就是，里程一直在贬值。比如 2016 年 3 月，美国航空里程严重贬值，中美之间的头等舱单程机票所需兑换里程从 6.7 万英里暴涨到了 11 万英里，让很多里程"守财奴"悔不当初。所以积分一定要及时用。用玩家的行话来讲：及时烧掉，不要等到金婚纪念日。

机会只留给有准备的人

　　机会只垂青有准备的头脑，这句话大家肯定很熟悉了，其实这个道理几乎可以说放之四海而皆准，旅行也是如此。尽管旅行并不需要那么拼，但是如果你没有做好充分的准备，那么机会到了也可能无法把握，甚至旅行可能变成人生的灾难。相反，如果有准备，那么路上也许还会有各种惊喜等着你。曾经有个在约旦工作的好朋友，邀请我们去约旦，食宿全包，但那时我们还并不擅长旅行，对这样遥远的国度难免心存各种疑虑与担忧，就一直没有行动。后来朋友回国了，机会就这样被我们白白浪费了。很多年以后去了约旦，感慨于这一值得深度游的美丽地方，如果有个当地朋友带路，会是何等锦上添花。旅行真的需要随时做好准备，不仅仅是通常意义上的做行程功课，还包括一切层面的准备，比如身体和心灵的准备。

时
时
为
将
来
的

旅
行
做
准
备

Chap-
ter

① 1

　　旅行好比买股票。为什么有的人赚钱有的人赔钱？赚钱的人可能随时在留意他关注的公司的财务报告、行业的趋势、政策的走向、国际市场的波动。而赔钱的人只是道听途说，临时冲动入市，想来必定是赔得多。旅行也是这样，特别是对工薪族来说，必须做好准备，才能真正享受旅行。

　　有一段时间网上追捧一种"说走就走"的旅行，兴之所至，随性而走。听上去很潇洒，其实伴随的经常会是：时间的浪费——没搞清楚车次或景点开放时间，导致被困在一地或者白跑一趟；金钱的浪费——临出发买机票一般是最贵的；精神的浪费——跑去当地却不知道干什

墨西哥山城瓜纳华托 →

Part - 3   机会只留给有准备的人   「准备篇」

么，只能现场搜网上游记临时计划。对于时间和财力都有限的工薪族来说，这些肯定是挥霍不起的。而如果因为不做功课，令人身安全都陷入困境，这样的结果就更让人无法承受了。就在前不久，有一个生活在美国的中国女生，缺乏对墨西哥最基本的了解，在毒贩黑帮出没的高犯罪率地区搭车旅行、当沙发客，结果至今下落不明。这样的"说走就走"，是万万行不通的。墨西哥有很多美丽而安全的城市，比如山城瓜纳华托，治安很好，还拥有世界文化遗产。但墨西哥也有很多必须远离的地区，千万别去错。

时时为将来的旅行做计划，并不是指为下一次的旅行做行程计划，而是为未来所有可能的旅行时时做准备。如果你知道这次或者下次要去哪里，然后开展具体的旅程安排，那么其实在你选定目的地之前，心里已经在做大致的规划了。很多人的问题在于"选择困难症"，世界这么大，不知道去哪里最好。现在是互联网时代，信息爆炸，爱好旅行的朋友，每天可能都会看到上百种关于旅行的信息，看到很多很美的照片，有时候会转发一下，说要记在小本子上，下回就去。

很多人也许就是这么随口一说，但我们的确有这么个"小本子"，这就是电子地图。如果在网上看到中意的景点或图片，就会马上查找具体的坐标，然后在电子地图上标记下来，同时对这个地区大致的情况也粗略了解一下。我们两个是"小镇控"，对各种风情小镇很着迷。听过席琳·迪翁的《坠入爱河》，对 MV 里的高山小镇神往了好久。很多年后偶然得知这个小镇在法国南部，当时却没有及时把名字记下来。结果后来去了法国南部，回家后才突然想起这个小镇，一查地图原来就在摩纳哥附近。我们正好和它擦肩而过，留给我们的只有懊恼和遗憾了。从那以后，一看到自己中意的景点，就马上

← 法国南部中世纪小镇埃兹

记下来，标在地图上。还可以加标注，比如景色特点、什么季节去为好，等等。我们主要使用的是手机地图，可以离线使用。标记在地图里的地点，到旅行的时候只需要一点，就可以生成驾驶线路或者公交线路，非常方便。

我们同时也是野花迷、秋叶迷、海岛迷等各种美景迷，日积月累，我们有了几千个这样的地图坐标。当我们打算去某个地区时，比如南太平洋岛屿群，只要查看地图上的坐标就一目了然——哦，当年曾经在这里标记过一个很隐秘的景点，是个绝美的海边天坑；嗯，是在其中一个岛国。那么可以研究一下，如何把这个地方放进行程里去。你不仅要为一次次具体的旅行做计划，而且对将来的所有旅行要有个通盘的考量，对你可能有兴趣的地方，有个大致的了解。这样顺手查找、积累，每次花的时间很少，因此人人都很容易做到。这样的好处是，当机会降临的时候，你可以马上把握住。到任何一个感兴趣的地方，只要有机票促销，我们只需相对较短的时间就可以做出一个精彩的旅行计划，不会因为没有准备好，而错失机会。

有一年我们去向往已久的巴哈马粉色沙滩。传说中有一群颇有趣味的会游泳的猪，就在巴哈马的某个小岛上，而这个地点早就已经在电子地图上标记过了，我们马上多请了两天假增加了这个行程。而如果事先功课没有做足，等发现有这个景点时，很可能机票已经订好，行程无法改变了。虽然巴哈马并非一生只能去一次，但毕竟去一次也不容易，尽量不要留下遗憾。有些人会说留点遗憾才美，也是重返某地的动力。但是世界那么大，想去地方那么多，再去一次的可能性往往并不是太大。很多地方你第一次去时，也就是最后一次到达那里。有人看我们常年旅行，好像轻松随意，其实每一次的出行都很珍贵，所以我们总是尽可能把计划做得完美，怀着"一期一会"的心情出发，珍惜旅途中一点一滴的快乐。

巴哈马粉色沙滩和会游泳的猪 →

每次旅行
必须做功课

据说我们中国人关于旅行有一个无法摆脱的四字"魔咒"，叫作"来都来了"。因为这四字"魔咒"，人们会为旅途上各种不靠谱的、坑人的事儿，各种旅游陷阱，各种无聊景点埋单。只要有人对你说出这四个字，或者你自己对自己说了这四个字，就会马上身不由己，"中邪"一般去花很多钱看完全不值得看的景点，或者吃下最昂贵却难吃的餐食。而如果你做了周全的计划，就不会出现这样的情况。即使遭遇各种不顺，也必定想好了对策，可以将自己的行程调整到最佳的状态。

为一个新的目的地做功课，最方便的途径是先看简明扼要的"维基旅行"（Wikitravel），了解个大概，再去《孤独星球》找详细信息。临出发时看看"猫途鹰"每一个地区的论坛，一般能找到需要的信息。功课要做得透彻，方方面面各种细节都要设想到：当地天气、证件要求、局势安全、机票酒店、车次时刻表、每个交通环节的衔接、景点开放时间、特色美食，这些都是最基本需要了解的，网上全都能找到。还有当地的支付方式、能不能上网、电源插座形状、当地语言、风俗习惯、文化禁忌、常见骗局，事无巨细，可以无限深入下去。喜欢摄影的朋友，可能还要事先查好日出日落时间、潮位高低、月相盈亏。我们在美国约塞米蒂国家公园和津巴布韦维多利亚瀑布都看到了难得一见的月虹，这些都需要提前做好规划。功课做得越仔细，假期就越有保障。因为你是在用出发前的时间和精力做这些计划，这样就避免了因为计划不到位，不得不挪用假期中的宝贵时间再去安排。那就不值得了，而且会让人很疲劳。出门前把一切计划得妥妥帖帖，上了路以后，就可以让大脑放空、身心放松，尽情享受宝贵的假期。

　　如果是出境游，先要把签证搞定。最可靠的方法是去目的地国家（地区）的签证信息官网，对照要求准备材料。只看一些旅游网站的大致信息是不够的，签证信息可以说千变万化，别人去年的经验可能完全不适用于今年。在某些地区，出入境信息甚至是每天都可能发生变化，昨天的网络信息，今天就有可能已经过时。比如刚果边境口岸戈马，常年形势动荡，各种武装力量拉锯，安全形势每天都可能变化。看最新的官方消息，不仅将确保你拿到签证，有的时候也会为你省一大笔钱。比如说约旦 2016 年就推出过网上的签证大礼包，办理电子签还能获赠名胜门票，比办理落地签合算多了。

　　那么"驴友"的信息什么时候最有用呢？如果去一些冷门国家，或者在国外找第三国使馆办签证，往往网上信息太有限，而最新的"驴友"签证经验通常很实用。不过具体落实到每个人身上，各种情况都可能发生，每一种

美国约塞米蒂国家公园月光下的彩虹 ↑

状况都可能影响签证结果，别人成功不代表你就一定能成功。比如非洲某些小国家会夸张地要求你的护照有六页空白签证页，不够的话他们完全可以刁难你。如果去某个国家的签证自己无法搞定，找口碑好的代理也是一个办法。

功课要做到什么程度才算差不多呢？这个其实没有明确答案，虽说越仔细越好，但也不至于为了一周的假期，花上三年去计划。只是说在做准备的时候，尽量做得充分一些。之前说到，全世界的中意景点要提前标记在电子地图里；那么在做具体行程的规划时，最好将当次行程的重要景点也记录在电子地图里。比如说去罗马，罗马的景点很多，你每个都想看，如果不做规划，就很可能会有漏网的。而记录了景点坐标后，就知道景点的大致分布，可以规划一个最合适的线路，不重要的景点可以舍弃。比如先集中参观离酒店最近的一片景区，然后坐地铁去看另一片，这样你就可以轻松地游览罗马了，不用走回头路浪费时间。

旅行的规划是可以不断深入的。继续以罗马为例子，如果你爱好历史，那么可以侧重于古罗马的遗迹。但如果你不知道有的遗迹很早

← 纳米比亚埃托沙国家公园里喝水的大象

关门，那么你就可能错过。还有很多人喜欢罗马是因为《罗马假日》这部电影，那么电影中出现的场景具体是在哪里？如果不做特别深入的研究，你能保证找到男主角的公寓所在地马格塔街 51 号吗？

我们认识一些特别细心的朋友，每次出行都有一张密密麻麻的 Excel 表格。每天的行程，从吃住交通，到门票购物，事无巨细，林林总总，全都在表格里标注出来，时间精确到秒，花销精确到分。这样每天的开销一目了然，回到家后总开销也能马上算出来。对每次旅行的花费心中有数，有利于平时量入为出，也方便为今后的出行做预算。这样的朋友，每次出行，多半都会一切顺顺当当，收获满满。

虽然计划要很周详，但也不能过于紧凑，一旦一个环节出错就会导致后面全都脱节。必要的缓冲时间是每个环节的润滑剂。比如说订机票时留足充裕的转机时间，虽然看似浪费了一些时间，但是万一前一班飞机延误，不至于赶不上后一班航班。一个完美的旅行计划必须能在遇到各种状况下仍然能顺利执行，但这还不够，我们还需要有 B 计划。

↑ 罗马斗兽场

Part - 3　机会只留给有准备的人　「准备篇」

永
远
要
有
B
计
划

Chap-
ter

③

　　俗话说，计划不如变化快，甚至要有"计划就是用来变化"的心理准备。很多时候"人算不如天算"，如意算盘打得再好，也架不住老天要为难你。即使我们有面面俱到的计划，有的时候也必须果断地将其通盘舍弃，哪怕这计划非常完美。这并不是说，你必须面对"人在囧途"的尴尬处境，而是要有一个备用计划，也就是 B 计划。很多时候 B 计划不需要有 A 计划那么详细，但是要有个大致方向。如果 A 计划出问题，B 计划则用来应付紧急情况，就是说以防万一。B 计划的第一条就是不要慌，出现任何意外，都必须淡定应对。冷静下来，按 B 计划的大略来安排应对。

　　我们去摩洛哥时，想要在一周的时间里走访休达、蓝色小城舍夫沙万、菲斯、撒哈拉沙漠和马拉喀什，行程非常赶。我们当时是飞到马德里，然后

↑ 摩洛哥蓝色小城舍夫沙万

Part - 3　机会只留给有准备的人　「准备篇」

计划坐火车到西班牙最南面的城市阿尔赫西拉斯，再坐渡轮到非洲的休达。如果要完成这样的行程，必须第一天就赶到阿尔赫西拉斯。从马德里到阿尔赫西拉斯，每天只有早上一班火车。飞机早上到，火车也是早上走，如果飞机晚点或者有什么其他不顺，肯定就会错过火车。如果错过了这一班，那么之后的行程，就像多米诺骨牌一样倒下，肯定来不及在最后一天赶回马德里。

有人会说，如果行程当中砍掉一些景点是不是就来得及了呢？因为当时摩洛哥交通不方便，即使少去一个城市，最后也未必来得及。那么，如果不坐火车，直接从马德里飞到摩洛哥的卡萨布兰卡呢？然后反过来走，一周应该来得及吧？答案显然是肯定的，但是，我们想看一看大航海时代的名城休达，还特别想从欧洲最南部穿过直布罗陀海峡，去往非洲大陆。在短短的一周内，要完成这么多的任务，显然有点勉为其难。所以，我们制订了 B 计划。如果当天没有赶上去阿尔赫西拉斯的火车，那么这次索性就不去摩洛哥了，就在西班牙的圣卢西亚地区深度游一周。

当我们从马德里机场出来时，交通有些堵，想来是赶不上火车了。紧赶慢赶到了火车站，差不多就是发车的时间。我们只好对售票的美女说，不行的话就改买两张去塞维利亚的票。结果美女坚持帮我们查了一下去阿尔赫西拉斯的车次，告诉我们火车还没发车，赶紧跑、跑、跑。我们拿了车票就飞奔去月台，气喘吁吁地刚在车厢里找到座位坐下，火车就开动了。就这样，一切都按照我们的原计划顺利进行了。而至于 B 计划，我们打算在下一次去西班牙时使用。可见，出行前制订一个备用计划，完全不是浪费时间。而没有这个备用计划，遇到突发情况时，就很可能手忙脚乱，狼狈不堪，旅行心情也大受影响。

一般说来，B计划只要有个大致的框架即可，但是有的时候，B计划也需要比较详细的步骤，那就是当你认为A计划顺利实行的概率不是很大时。举个最简单的例子，比如A计划的实行受天气的影响较大。如果天气好，你将要去登顶一座大山，但是山里的天气瞬息万变，如果你只有一个A计划，就是要登顶，那就很可能让自己陷入危险之中。很多山难归根结底，就是遇难者没有B计划，或者有B计划却没有按计划实施。遇到意外的情况，就坚决执行B计划，这样会大大增加安全性。

　　我们旅途中有一个典型的例子。有一年夏天我们和朋友利用长周末去攀爬美国加利福尼亚州的沙斯塔雪山，其海拔约为3000米。A计划是天气好就顺利登顶，B计划是天气不好就去山脚的景点观光。长途连夜开车，凌晨到了山脚。天气倒是很好，但大家本已很疲劳，其中一位极为强悍的同伴居然身体不适，严重到上吐下泻。于是我们想，实在不行就根据B计划，改成观光游。我们给同伴吃了点随身急救包里的黄连素，到山脚的湖畔休息，看同伴身体情况再定。结果到了午后，同伴身体恢复，于是我们再次改变计划。好在是三天的长周末，大家就把原计划的两天一夜登顶，改成一天轻装登顶。当然这些都是成熟线路的成熟走法，安全无虞。但无疑一天内上升2000多米登顶并下撤会出现较严重的高原反应，对体力也是更大的挑战。

　　当天在山脚下休息足了，不携带帐篷、炊具、睡袋，只带食物、水、冰爪、冰斧，晚上11点出发，早上6点日出时我们已经爬升到开始有高原反应的高度。用休息步的方式慢速上升，到9点多登顶成功。下山却很快，下午3点就回到了停车场。全程用时16小时。这样我们还剩一整个晚上和第三天的白天，于是晚上在湖边看烟花表演，翌日又去了附近的瀑布跳水游玩，

可以说是完美的假期。而这样超额的收获，正是由于我们制定了充分的备选方案。如果在这样的情况下，我们只有登山的 A 计划，那么遇到突发情况后，完全有可能白走一趟，早早地"收摊"回家了。两种结果有天壤之别。

← 登顶沙斯塔雪山后，在山下湖泊游泳

碎片化　旅行地点

　　前文提到过旅行时间碎片化，那么在这个信息碎片化时代，旅行地点也一样，完全可以碎片化。当然这里指的是在眼光和思维上对旅行地点进行碎片化。如果你是一直行走在路上，或者是时间充裕的退休人士，当然可以好整以暇，走完一国再走一国。但是对于工薪族旅行者来说，则有必要敲碎国界对思想的束缚，代之以地理和人文角度来考虑。举个例子，法国、德国、瑞士、奥地利、意大利，这些虽是不同的国家，但是他们在阿尔卑斯山区的地域文化却十分相近，因此出行时可以考虑一起游览；而这些国家的其余文化或地理区域可以另外找时间再去游览。

　　地中海沿岸地区国家很多，且文化上也相近，如果串起来看就会发现其中罗马帝国、古希腊、威尼斯、迦太基等古文明的交互联系。最重要的是，如果你没有必须一个国家一个国家来玩的"国界强迫症"，就可以完全按自己合适的时间，特别是机票优惠的时间，来安排自己的旅行蓝图。这蓝图可以是东一榔头西一棒子，看似无序却一样可以逐渐丰富你的经历，这样特别适合工薪族碎片化的旅行时间。你完全可以只去你认为值得去的地方，而不必因为这个国家还没去过而去一次，哪怕那里其实也没什么可看的。

有很多人去某个遥远的地区，就觉得必须走遍大街小巷，"刷"遍所有的景点，因此必须有一个很悠长的假期。而我们经常花9天或3天就去了某个地区的一小片区域，而另一片区域在我们的"足迹地图"里可能很多年依然是空白。也许有的朋友会看着那片空白觉得必须要填掉它。又或者，旅行地点碎片化会让行程听起来不是好听的"某某国几日游"，而是"某某地区几日加某某地区几日游"，这可能会让有些朋友很"抓狂"。但是现在就是处在一个碎片化的世界，所以碎片化的旅行也是很顺应潮流的，只需要转变思路即可。

世界这么大，好地方永远走不完，没必要一次性把某个区域的国家和景点一网打尽。"新马泰"是中国开放出国旅游后最早期的热门跟团游路线之一，但就一定要三个国家一起去吗？现在各种航班方便得很，只要有合适的航班，完全可以用一个长周末去新加坡或者吉隆坡，搭配东南亚的其他任何地方，剩下的地方以后再去。离中国不算太远的旅游目的地，日韩、东南亚、南亚、澳洲、南太平洋岛国，全都是碎片化旅行的好选择。我们的新西兰之行，南岛是单独去的，而北岛则结合了大溪地的旅程，而这又有什么关系呢？新西兰分成两次去，让我们感受到不同的季节、不同的美。

新西兰分为北岛和南岛，我们分了两次去。第一次去新西兰是在11月底去南岛，时值南半球的春末夏初。选择这个季节是因为我们早就听说新西

兰的七彩鲁冰花，每年在初夏盛开。我们来到著名的特卡波湖，如愿看到了皑皑的雪峰，蓝宝石色彩的湖水，还有湖边大片大片的七彩鲁冰花。夜宿湖边的小木屋，白天泛舟在湖上，感觉天堂也不过如此。第二次去新西兰是在5月初，去的是北岛，正值"霜叶红于二月花"的深秋。清晨开车前往霍比特人小镇，乡村风光犹如天然的油画。周边净是起伏的丘陵，幽静的农舍被雾气笼罩，深深浅浅的红叶点缀其间，草地上却铺上了白霜。任何一条乡村公路处处都是风景，随意停下来拍一张照片，都是一张明信片。四五月如果去南岛，同样也是处处秋色。皇后镇秋高气爽，到处黄叶纷飞，和春色满园的11月有不一样的景致。所以无须强求一次把一个国家的景点都看完，完全可以结合不同的行程、不同的季节看不同的风景。

碎片化的旅行观念，让你能更自如地规划你的旅程。现在是21世纪，地球早就是"地球村"了，只拥有碎片时间的工薪族，不妨就开始碎片化旅行吧。

↖ 奥地利小镇哈尔施塔特
↙ 新西兰北岛的秋天

说走就走　什么样的旅行

虽然反复强调旅行要有计划，但有一类旅行是真的要说走就走。这样的旅行，我们每年都有好几次，那就是完全依赖于天气和时节，无法提前确定日子的旅行。比如夏天去看高山野花，每年花开的时间都略有不同，无法提前计划，但是一旦花开，持续的时间并不长，必须说走就走。

每年从3月到8月，我们好多周末都会奔走在各地看野花。七八月是美国华盛顿州、科罗拉多州和犹他州的花季，人间他处芳菲尽，高山野花始盛开。从7月底到8月中旬，海拔2000—3000米的高山草甸上是此起彼伏的花地毯。常关注我们微博、微信公众号的读者都知道，我们去过许许多多野花胜地，有个话题就叫"101个野花天堂"。野花每年开放的日子虽然有个大致范围，但前后差上一两周很常见。要在野花最茂盛的那几天造访，就必须时刻关注

美国廷帕诺戈斯山8月的野花 →

黄咪和南加利福尼亚的花海　↑

网上最新的报告。一旦有人报告说接近花期顶峰了，那个周末就立刻出发。行李都是早就打包好的，拎包就可以出发，这就是说走就走的旅行。

野花的开放并不如想象的那么有规律，循序渐进，次第开放。也许气温上升让所有的花一夜之间都加速开了，也许一场热浪就让花季提前结束。过去气候稳定的时候还相对容易预测花期，最近几年全球气候越来越不正常，花期也跟着打破常规。比如美国雷尼尔雪山下的野花过去一般在8月中下旬最为娇艳，而2015年竟然在6月就开了，足足提前了两个月。在这种情况下，只有先紧盯网上的野花信息，然后在最合适的时候，说走就走。

有一年的8月初就是如此，我们关注盐湖城附近的高山野花两个礼拜，其间野花一直都开得不温不火。突然有一天，护林人报告花已经全开了。记得那一天是周五，我们立即买票，一下班就直奔机场，于是我们看到了那个夏天最绚烂的野花。距盐湖城车程一小时左右的山区，很多地方都有野花。我们去的是廷帕诺戈斯山，海拔3000米以上的高山草甸有大片大片的野花怒放。在满地繁花边扎个营，早上醒来，天高云淡，鸟语花香，"呆萌"的山羊和长角羊在帐篷边走来走去，把野花当早餐，让人觉得天堂也不过如此。我们在此分享风景的美好，就是希望有更多人可以享受大自然的馈赠。

赏秋叶也是这样，叶子变色并没有一个准确的时间点。好在秋叶变色往往随着纬度的增加而递进，南边还没红起来，就去更北面的。如果你对观赏秋叶的地点都了如指掌，那么选择起来就很自如了。有一年，我们去科罗拉多州看秋叶。由于那年气温偏高，叶子变色很晚，然而一旦开始变色，满山满谷的枫杨树将在七至十天内变成金黄色，然后马上就会"过气"。我们计划去的那个周末，叶子已经黄了百分之五十，但还不算高峰，好在天气晴朗。如果再等一个星期，也许一场秋雨就会打下好多黄叶，因此我们决定马上就走。

　　美国的阿斯彭市是著名的滑雪胜地，每年的秋色也十分炫目、震撼人心。附近的褐铃山是看日出的好地方。大自然的鬼斧神工，造就完美对称的峡谷。虽然清晨气温很低，裹着羽绒服赶来等待日出的游人依然络绎不绝。当第一抹阳光把雪峰染成金红，每个人都看到了地球上最纯净美丽的倒影。一些朋友当时没有急着过去，想着再过一周应该是黄叶高峰，没想到几天后山里有风雪，大部分叶子被刮落。也就是说，这一年的秋色并没有到高峰便已经提前落幕。所以说，很多时候，旅行必须当机立断。

　　看到这里，你大概会疑惑，如果无法提前计划，那么机票怎么办呢？不是说最后一分钟的机票都是天文数字吗？这种情况下，确实无法提前购买打折机票，最好使用里程订票。我们常用的是英国航空的里程，用在亚洲、美洲和欧洲的短途航线都非常合算，而且不像很多航空公司那样，临近起飞时间订里程票要付一定的附加费。可以说英国航空的里程是"说走就走"旅行的必备利器。

　　英国航空公司在东亚地区有两个强大的"小伙伴"，一个是国泰航空，一个是日本航空。乘坐这两家航空公司的航班，基本可以在东亚和东南亚畅通无阻。比如从上海出发，想去东京看红叶，平时就要密切关注网上的红叶信息，等到叶色已经变了百分之八十，马上用英国航空的里程换日本航空的机票。这样就可以说走就走，赶上红叶"见顷"。如果以香港为中心，去东南亚各国可谓四通八达。用英国航空的里程换国泰航空的航班，里程票非常充足而且每天有好多班次。如果你临时起意，想去巴厘岛过个结婚纪念日，

美国科罗拉多州褐铃山

那么，就让英国航空的里程帮你忙吧。

英国航空里程票还有一个好处是可以免费取消，最多损失一点点税费。我们有一年计划去爬俄勒冈州的胡德雪山——世界上最多人攀登的活火山，就提前把6月登山季每个周末的机票都订上了。登山成不成功，天气是决定性因素。山上天气变幻莫测，可以攀登的日期往往就那么几天。因此我们计划，只要天气预报说哪个周末的天气好，就立刻出发，然后把不需要的机票全部取消。万一飞过去后，到了山脚天气不好，我们也有个备用计划，绝对不会冒险上山，下次再去就好了——山，总是在那里。

只有做好了所有的准备，才可以随时出发，这才是万无一失的说走就走的旅行。

爱沙尼亚首都塔林 →

旅行必备
十大利器

喜欢户外活动的朋友，一定都听说过"户外必备十件"（Essential Ten）。我们结合旅行的特点也总结出"旅行必备十大利器"，它们在关键时候可能会拯救你的旅行、你的荷包甚至你的生命。其中有的一定要随身携带，而有的放在大件行李里即可。"户外必备十件"分为导航、防晒、保暖、照明、急救、生火、工具、营养、饮水、避难所十个方面；而"旅行必备十大利器"则包括导航、防晒、保暖、电器、安全／财产、医药卫生、工具、营养、饮水、避难所。相较前者，后者将照明变成电器，将生火变成安全／财产，将急救变成医药卫生。本节先聊一聊导航、工具、营养、饮水、避难所，其余各项将在第四章中结合后面的内容细说。

导航的重要性毋庸置疑。人在旅途，永远需要地图或者GPS，而旅游地的一张当地纸质地图远胜于电子地图。之前我们说过将重要的景点标记在电子地图上，那主要是因为出发前基本没有当地地图。尽管一些旅游攻略书会附带地图，但通常当地游客中心问询处或酒店前台给的免费地图最好用，你可以把要去的地方用笔圈出来，一目了然。尤其是在不需要开车的小城市，或者大城市里的老城，比如爱沙尼亚首都塔林的老城，用当地地图最方便了。最好客气地问工作人员要两份，因为旅途中可能会不小心遗失一份。至于导航仪，现在的手机功能足够强大，所以在手机上下载离线地图就好。

在户外活动中很关键的照明问题，对多数非野外徒步的旅行来说，没有那么重要。如今几乎人手一个的手机就可以起照明作用。手机堪称是"旅行必备十大利器"中最重要的一件。

旅行中刀具常常很有用，但飞机安检很严格，行李里放把军刀几乎就是给自己惹麻烦，因此我们除了自驾游，一般都不带刀。那么在旅途中，需要用刀具怎么办？我们的包里常备一次性的塑料刀。如果忘了带，在任何快餐店都可以随时获取。在需要更强力的切割工具时，可以用信用卡，特别是一些高端信用卡都是金属的，比如大通银行蓝宝石卡，我们曾用它切橙子、切西瓜。在这样的金属信用卡一边包上胶布就可以立刻将其改造成一把"刀"，其圆角还可以当一字螺丝刀用。剪刀的话，可以用美术剪刀代替，或者用针线包里的超小剪刀，甚至干脆用指甲钳代替。

工具类里另一个必须随身携带的"主角"就是管道胶带，它几乎是万能的。各种东西损坏，八成以上都可以用胶带固定，让其暂时可用。它甚至可以变成创可贴，以及其他很多有用的工具。记得我们去保加利亚里拉修道院时，路途遥远，我们懒得特意租车，就参加了一个一日游团。司机出发不久就撞掉了右边的后视镜，如果不是我们随身带着胶带，那么那次行程可能至少被浪费掉好几个小时。

旅途中保持体力很重要，随身必须携带一些备用食品，在需要的时候可以补充体力。有的时候在路上不一定能按饭点准时吃饭。如果你在山路上，随时补充能量就更加重要，如果等饿了再吃，可能体能已经下降，甚至出现低血糖的症状。常见的备用食品有饼干、巧克力、混合坚果、能量棒、糖等。最有效的是带脂肪的肉干之类，但进出海关不便。巧克力的能量很足，但容易化掉。能量棒和糖最方便。我们在挪威爬山八小时看"恶魔之舌"，一个小时补充一根能量棒。平时我们还喜欢带几粒强力润喉糖，补充能量时顺带可以止咳。备用食品大都是甜的，因此我们喜欢带些榨菜，可以调剂口味，也能补充盐分。

要随身带一瓶水，如果在野外则要额外带应急的饮用水。带些运动饮料冲剂，可以很方便地配成运动饮料。

哪有　没钱没时间　这回事

　　旅行必备的避难所是一个较奇特的物品——黑色的很结实的大垃圾袋，就是用于大垃圾箱的那种，卷起来体积很小。大垃圾袋是一件无所不能的"神器"，你可以用它做成一个遮风避雨的帐篷，当作应急的避难所。它也可以变成临时的雨衣、背包的防水罩，甚至在"血拼"之后可以充当大购物袋，尽管"画面太美"，但的确管用。此外，铺在地上还可以保持卫生。大垃圾袋还有许多你想不到的作用。我们去南极的时候，同行的一位旅行家黄姐，来不及准备防水裤，登陆南极会有大麻烦。结果我们用前面提到过的管道胶带和垃圾袋替她改装了一条防水裤，款式还相当时尚，获得领队好评。不过垃圾袋保暖的效果还不够好，因此还应该备一包太空应急毯，即超薄的镀铝 PET 塑料膜。万一冷天被困在野外，或者因落水而衣服湿透的话，将应急毯直接裹在身上能起到保温救命的作用。另外，可以随身带些塑料购物袋，方便装东西，体积也小。带密封条的保鲜袋也带上几个，有时需要装些食物，就很方便。

　　了解了必备物品，就可以开始打包了。

← 挪威的"恶魔之舌"

轻质化
旅行

大家都喜欢轻装上阵，但往往最后行李收拾下来，东西多得不得了。我们多年以来，即使是长达好几周在路上，单人行李也不会超过一个大背包和一个摄影包。有的三日游也就带一个小背包和一个摄影包。有趣的是，我们和小伙伴同游，往往小伙伴大包小包行李颇多，但是遇到需要用什么器材时却发现这也没有带、那也没有带；而我们虽然轻装简行，但往往却能变出各种宝贝，解决了问题。很明显打包行李是大有奥妙可言的。

出门在外，通常有三种比较优化的行李配置，分属三种不同的旅行者。首先是商务旅行者，其代表就是空姐，其行李通常是一个随身拉杆箱，加一个放在前座底下的公文包。然后是都市型旅行家，通常带一个随身拉杆箱，加一个放在前座底下的小背包。最后是背包旅行家，通常带随身大背包，加一个放在前座底下的小背包。仔细看，他们都没有托运行李。与此相反，也有很多人喜欢空手潇洒上飞机，将所有行李托运。但你知道托运行李将浪费多少时间吗？有一个统计数据是说，平均每个航班取行李的等待时间是 35 分钟，实际可能更久，还可能有行李延误的麻烦。我们就遇到过同行伙伴托运行李延误，只能浪费宝贵的半天假期回机场取行李。只凭这一点，就已经足以证明轻质化旅行的必要性。

我们的行李，基本属于背包旅行家配置。唯一不同的是，我们会带相当大的可装相机的腰包，能装相机和不少杂物，还可以充分利用座位下的空间。我们选择的背包是"小鹰"（Kestrel）38 升款、"格里高利"（Gregory）"阿尔卑斯"（Alpinisto）系列 50 升款。两款包的长度都能在大多数的航空公司规则下随身携带，免去托运的麻烦。有很多朋友不喜欢背包，那么也可以学习都市型旅行家的配置，携带随身拉杆箱加小背包，也是非常轻便的。

拉杆箱在都市里通行无阻，一旦离开平滑的马路，就非常悲惨了。比如在有很多鹅卵石街道的欧洲老城，或一些南美洲的山城乡村，我们常看到游客和自己的拉杆箱做斗争，实在令人同情。另外有时候，带着行李边走边看风景，拉杆箱就很不方便，而背包则没有这个问题。事实上，只有背包才有真正的轻质化设计。同样的容积，高质量的背包比拉杆箱轻一个数量级。很多人认为背包背着很累，是穷游装备，拉杆箱才显得高档。这种想法相当普遍。其实一个高品质的背包远比拉杆箱贵得多。我们选用背包，是因为其实用性。至于背背包很累也是个误解，其实高品质背包的背负系统能把重量转移到人体的胯部，腰背并不吃力。如何选择，就看你的喜好和目的地了。

那么如何打包行李，才能轻质化旅行？打包衣服的时候，建议将折好的衣服卷起来，这样比较节省空间，衣服也不容易乱。衣服卷好后，将其塞进一个防水袋中，方便拿进拿出。通常我们总是一人带一个防水袋装衣服，带的衣服够两三天换洗的就足矣。

衣服之外，人人还需要盥洗用品。酒店一般都提供毛巾，但自己带块小毛巾还是很方便的。牙刷用折叠式的可以节省空间，牙膏可以用旅行装，或者带用掉大半的普通牙膏。牙线是保持牙齿健康的重要用具，带试用装就好。女生用的护肤品、化妆品、小梳子都带小号的、简单的几样。将所有的盥洗用品都装进防水塑料袋里。很多机场在安检时会要求旅客把护肤品取出，装进机场提供的透明袋子里，这时直接把防水塑料袋拿出来就好。

此外就是急救包、电器包、备用的食物。如果是三四天的小旅行，不用带大背包，一个小背包就够了。如果时间长些，去的地方天气冷，衣服就相应变多，有时还可能会带睡袋睡垫，甚至是帐篷炉具，这时就需要大背包，比如我的"小鹰"65升款。我们的这类器材也都是轻质的，可能初期投资略大，但长期来说更划得来。由于我们爱好摄影，百诺旅游天使脚架兼具轻质和良好的性能，是我们的首选。相机、GoPro 运动相机、手机、自拍杆，等等，包括一些随手要用的小物件，比如墨镜，都放在摄影腰包里。甚至笔记本电脑，特别是 11 英寸以下的小笔记本或平板电脑，都可以塞在里面。水瓶则塞在腰包的侧袋里。

　　为了避免忘带重要物品，还必须准备一个旅行物品清单。我们有不少类似的清单，比如国内旅行清单、出国观光旅行清单、登山旅行清单、潜水旅行清单，等等。手机应用平台上有很多类似的清单应用，可供核对行李，这样每次出行就不会忘带重要的东西。虽然我们追求轻装，但如同时间安排需要有冗余度，重要物品也要有适当冗余，以备万一。比如换洗的衣服要多带一套，药品也要备一点余量，食物和水永远都要有备份。

　　这些就是我们的旅行"家当"，不论坐飞机、火车、大巴，都非常轻便灵活。在酒店住下后，在当地一日游，往往带摄影包就够了，有需要的话，两人合用一个背包也可以。轻质化的旅行，让我们的行动更为敏捷，因此也有更多时间来享受旅行、发现美景。

↑ 拍摄复活节岛的日出，必须使用脚架

高品质的大背包方便出行 ↓

做个快乐
多面手

同样的目的地，同样的路线安排，有人可以获得比别人多几倍的快乐，为何会这样？很多度假胜地都会有各种活动让游客参与，比如帆船、潜水、冲浪、滑翔伞、高尔夫，等等，各种各样，丰富多彩。但是如果不会游泳，那就只好坐在沙滩椅上端杯鸡尾酒，或者在岸边浪花里摆几个姿势拍照，无法享受到大海的真正乐趣。又或者担心晕船，不愿意上帆船出海兜风；因为恐高，害怕坐热气球。这样，很多乐趣就不能享受，只能坐看别人玩得不亦乐乎。如果旅行中要比别人多几成乐趣，提升出行的性价比，就要学习做个多面手。

首先，心理上要开放，什么都勇于尝试一下。很多人担心参加"冒险"的活动会有危险，事实上著名旅游地提供的商业活动，只要是口碑好的商家，安全性还是有一定保障的。虽然任何事都不可能有百分之百的保证，但相较而言，开车可能更危险。比如津巴布韦的赞比西河五级白水漂流，对于大部分普通游客来说可以说是极限性很小，很多人看到官网广告上奔腾咆哮的白浪便望而却步。事实上，这在当地是一项极其成熟的旅游项目，被国家公园部门管理得井井有条，每一家漂流公司的安全措施也相当完善。我们的漂流向导有30多年的经验，能力很强。当时筏子上有五位游客，就有三位工作人员"坐镇"，一路还有很多单人艇保驾护航，安全级别如此之高，完全不用担心。鼓起勇气尝试一下，你一定不会后悔。 同样，维多利亚瀑布著名的"魔鬼池"，让很多人望而却步。其实当地导游对地形了如指掌，所以，安全是有保障的。

其次，要抓住机会多学习各种运动技能。特别是游泳，不仅仅是一种运动、一种娱乐，更是人人从小就应该学会的救命技能。经常听到有人说："我都二三十岁了，还学得会吗？"别说这么年轻，只要真的想学，什么年纪都

← 土耳其卡帕多细亚地区的热气球

能学会的，顶多花的时间多一些。我们的一个朋友，从小到大是"旱鸭子"，从来不下水。结果读博士时，其室友是个爱好运动的妹子，用一年时间教会了她游泳。花一年时间学游泳，过程一定也不容易吧，但是她坚持下来了。从此"宅女"变"女侠"，马上就拿到了潜水证，连帆船都学会开了。朋友圈也变了，天地变得更广阔了。

当然每个人的运动天赋不同，并非人人必须做到十项全能，但在能力范围内增加一些勇气，培养一些技能，不但会让旅行的内容更为丰富，更让生活变得多姿多彩。我们遇到过九十岁的老爷爷登雪山，还有七十多岁的中国老太太学会攀岩的，他们一生中必然乐于尝试各种新鲜事物。不去大胆试一试，你永远不知道自己错过了多少乐趣。

做个多面手还有个极大的好处，就是旅行中会有意外收获。比如我们喜欢去海岛，但有时假期短，经常受航班时间限制而不能潜水，因为在飞机起飞前 24 小时不能潜水。为了方便，后来肥猫就学会了自由潜水，从此就自由了很多。经过练习，憋气时间居然达到了 4 分钟之久，就连自己都不敢相信，可见其实人的潜力是很大的。普通的潜水深度，二三十米，一口气就扎下去了。在没有潜水店的地方，会自由潜水就更方便了。在加勒比海和夏威夷旅行时，经常在自由潜水时顺便捞个海胆海参，晚上就有海鲜大餐了。在北加利福尼亚旅行时，听说有个海湾盛产鲍鱼，而且只允许自由潜水。我们马上就"杀"了过去，捞上三只大鲍鱼。而不会自由潜水的过路游客，就只能眼睁睁地看着别人的鲍鱼流口水。

维多利亚瀑布的"魔鬼池" ↓

在美国北加利福尼亚海湾抓到的鲍鱼 ↑

Part - 3　　机会只留给有准备的人　「准备篇」

我们出门经常带着三件宝：鱼竿、攀岩鞋、充气小船，各有各的好处。鱼竿，我们通常是带最轻便的旅行伸缩竿，如果需要更轻装，就只带一卷手线，走到哪里都可以钓鱼。在很多地方，即使只是利用零散的时间，也能享受钓鱼的乐趣。比如，好多次在旅途中等船的同时，我们在码头上钓鱼。有时鱼上来了，船也要开了，好不手忙脚乱。除了南极，在其余六大洲我们都钓过鱼。在大溪地博拉博拉岛的最后一天，我们等轮渡带我们回主岛，因为需要等个半小时，便见缝插针地利用这段时间，拿出手线在总统套房水上屋边钓鱼。那里的鱼实在太多了，基本钩钩都上鱼，有各种各样漂亮的热带鱼，最多的是带条纹的七带豆娘鱼，甚至有石斑！当然我们不会把它们带走，全都放生了。不论走到哪里，一卷线、两三个钩、几罐啤酒，心都在天堂。

↑ 在大溪地博拉博拉岛用手线钓鱼
→ 在美国大峡谷攀岩

如果不带绳子，只带攀岩鞋又有什么用处呢？自然有它的用处。记得曾经在加拿大班夫国家公园路易斯湖边，看到一大片色彩艳丽的岩壁，上面有很多攀岩的人。我们问了问路线和难度，对方很热情地欢迎我们加入，只要求我们有自己的攀岩鞋，其他装备全都可以借给我们。事关生命安全，别人的鞋子一般很难合适。可惜当时两手空空，错过一个攀爬如此漂亮岩壁的好机会。从此只要去的地方可能有攀岩机会，就会放进一双攀岩鞋、一小包镁粉以及一个轻质安全腰带，从而在很多地方都玩了攀岩。天下攀友皆朋友，经常有旁边的攀友主动帮我们打保护，或邀请我们使用他们的绳子。这就是"机会只留给有准备的人"。

　　充气小船的功劳就实在太多了。我们的小船（我们喜欢管它叫"小划子"）去过夏威夷、阿拉斯加、加拿大、冰岛、德国、西班牙、意大利、新西兰、加勒比海等地，见识过各种各样的江河湖海。不论是美不胜收的仙境小湖，还是激浪汹涌的科罗拉多河，甚至是冰雪天地的北冰洋，小划子都陪伴着我们；更不用说无数次在海上渔获海鲜之时。我们的微博有一个话题就叫作"101次小划子"。

　　路途中看见山我们可以上山，遇到水就可以下水，有动物就用长焦镜头来追逐，因此行程中总是有很多种选择，也总有各种惊喜等待我们。如果你有健康的身体和年轻的内心，不妨解放自己的心灵，拓展自己的视野，提升自己的能力，你的旅途将充满更多的可能性。

小伙伴 VS.
『猪队友』

　　人在旅途，孤单无依。一个靠谱给力、相处融洽的小伙伴，其重要性是不言而喻的。一路上互相照顾、互相拍照、帮看行李、聊天解闷，好处太多了。长途开车时若多一个司机，那简直能救你的命。在很多不是很安全的地方，独行客也容易被坏人盯上。两个人结伴而行，安全系数大为增加。

　　我们出游时有很多集体活动，需要团队合作、互相配合。我们的小伙伴乖乖熊，是位英姿飒爽的"花木兰"，多次为我们"神助攻"，一直是我们的最佳拍档。有一年的深秋，我们打算去宰恩国家公园最美丽的地铁峡谷，然而它并不容易到达，在好几个地方需要绳降，还需要在冰水中游泳。好多小伙伴不是怕累就是嫌冷，计划一直悬而未决。最后乖乖熊救场，带上绳子租了干衣，便和我们一起出发了。她不但户外经验丰富，个性积极乐观，行事风格更是严谨仔细。即使我们已经做好了计划，她也一定要认真研究路线，

美国宰恩国家公园的地铁峡谷

查询各种当前信息。有她这个可以依赖的小伙伴，出门轻松无压力。

　　不怕"神对手"，就怕"猪队友"。好的队友会让一次出行大放异彩，但"猪队友"有可能让整个队伍陷入困境。我们自己谨慎选择队友，很少会让"猪队友"蒙混进来。很多人平时可以做朋友，但未必会是路上的好队友。怎么判断一个人会不会是潜在的"猪队友"呢？一般来说，"放鸽子"专业户、娇气鬼、逞英雄的、人来疯的、爱破坏环境的、生活不能自理的，等等，最好不要选择和他们一起上路，以免吃力不讨好。还有很多朋友，都是好人，办事也稳妥，可惜是负能量大王。比如有时说起我们最近会去哪儿，他们的反应经常是："南美洲这么危险，去了别出问题吧？""看周末这种天气，你们是不可能看到日出的。""约塞米蒂你们不是早就去过了？风景很无聊，有什么好再去的？"如果和这样的朋友一起出游，一路上会有何种心情也就可想而知了。

有好多次在旅途中，听到其他游客有类似的言论。有一次在美国犹他州的波浪谷，听到边上有人说："不去了不去了，真没什么好多看的，全都差不多，我就在这里等你们。"波浪谷是一个鬼斧神工的魔幻山谷，她的同伴打算再走五分钟去看波浪谷二区，而她觉得到过就好了。去一次波浪谷很不容易。美国为保护这一神奇地貌，每天只允许 20 人入内。拿许可证需要提前抽签，有多少人屡抽不中而望穿秋水。能抽中签的人，是何等的好运。偏偏有人不以为然。

珍惜旅途，远离负能量吧。

在集体出游时，大多数时候我们是领队，但有时也会参加别人的活动。能否遇到靠谱的领队，也需要运气和眼光。一个团队总是要有一个强大的领袖，能够拉起队伍组织起活动。这样的人最难得，能长期坚持组织活动的，更是凤毛麟角。通常这样的人未必是"万宝全书"，不一定在所有方面都是能手，但必定有很强的管理能力和领导力。这样的人放在任何的管理岗位都一定是个好领导。我们多年来遇到的这样的能人并不多。他们弥足珍贵，也都成了我们的好朋友。比如白水漂流的领队木杨，就是一个了不起的户外领袖。他常年组织各种大型水上活动，永远充满激情，完成各种不可能的任务，

美国犹他州波浪谷

把梦想变成现实。他曾网罗天南地北的户外"大侠"，大家各司其职分工合作，我们一起完成了华人无向导首漂阿拉斯加无人区冰川河的壮举。团队中的每一位勇士都是出色的好队友。

可见，除了领队之外，队友也很重要。在团队中需要各司其职、分工合作，能完成自己任务的都是好队友。选旅行队友，和找对象其实差不多。有人说，一对情侣合不合适，让他们一起旅行一次就能看出来。如果路上状况百出，没法互相迁就包容，那么过日子一定也过不到一起。一次大家聊起这个话题：一起旅行，能不能检测出是否可以一起过日子？有人说："不一定，因为旅行毕竟是短暂的，而且大家都处于开心的状态，就算是条件艰苦点也能忍受。而日复一日的家庭生活可就不同了，难道还有比柴米油盐、养育娃娃、孝敬公婆更辛苦的吗？"可这不是更加说明，要是在开心的状态下，两人已经鸡飞狗跳了，又如何能应对平淡辛苦的日常生活呢？世上有情人易找，好伙伴难寻。我们曾经在保加利亚遇到一对好搭档，是两个老太太，都是走遍世界的。她们大半辈子都各自行走，到老了，遇见彼此，一拍即合。她们一个来自挪威，一个来自新西兰，相距天南海北却从此结伴同行世界，当真有点伯牙遇到子期的风范。

一个合格的队友，个性或能力姑且不论，至少一定会主动承担自己应当出力的那份，在出状况的时候想的也不是仅仅保全自己，而是为团队整体考虑。如果找不到靠谱的小伙伴，首先应反省自己，看看自己是不是一个好队友。实在找不到，单身上路也挺好，总比找个"猪队友"，或者被人当作"猪队友"要强得多。人生苦累，不可以再有"猪队友"。

我们虽然是夫妻档，在旅途上也就是小伙伴，需要互相照应，分工合作，

南极，我们一起走过万水千山 →

承担自己的责任，同时给对方支持与帮助。同行十多年，虽然自己感觉很平常，但是回过头看，其实也不容易。任何人之间都难免有磕磕碰碰，但是有共同的目标就可以携手同行。这么多年在路上发生过各种状况，遇到事情也学会了绝不互相埋怨，而是设法解决问题。世界上有那么多独行侠，很多就是因为找不到合适的小伙伴，宁可一个人。世界上走过百国的独行侠很多，但一起走过百国的中国夫妻，我们却是第一对，这也正说明了找到合适小伙伴的不易。所以继续向前走，且行且珍惜。

解决了时间和金钱的问题，又做好了准备，那么大家就该出发了。

完美的假期

↑ 在意大利五渔村等待日出

哪有　没钱没时间　这回事

有效率才能
真正享受旅行

工作需要有效率，而旅行是为了放松，为
什么还要提效率呢？"我偏要懒散。"看到这
一节的标题，很多人可能都会这么想。的确旅
行是应该休闲，只不过提高效率，才能更好地
放松。这么说吧，10 天的假期看似悠长，但其
中三分之一以上的时间被睡觉占去了；如果是
出远门，可能有一天以上的时间在路上。如此
假期也就只剩一半了。前往景点，路上要时间，
即便到了酒店，还得要登记入住、退房离开，
吃饭说不定要等座，加上洗澡、穿衣、上厕所
等各种琐事，留给你放松的时间到底有多少？

唯一的办法就是更迅速有效地完成这些琐事，每个环节都不浪费时间。你是宁可丢三落四找不着护照，浪费时间在大堂里和工作人员扯皮呢？还是一切井井有条、妥妥当当，多出时间在沙滩上躺着喝果汁呢？

　　之前我们就谈到旅行要有计划，各种安排往往是环环相扣，但是又不能过于紧凑，必须有些缓冲时间以应付突发事件。即使是完美的计划，也需要严谨地执行才能达到设定的目标。我们有一次住在意大利比萨市，想去五渔村看日出，早上 4 点起床去火车站，到五渔村时朝霞正在变红。如果大家都赖床，或者动作拖拖拉拉，那么肯定是完成不了预定的行程的。如果只是普通的旅行，最多就是去不了向往已久的景点，虽然可惜却也无碍。但有的时候不严谨执行计划却是会致命的。

　　最典型的例子就是爬山，尤其是登高海拔的雪山，制订计划时都会设定一个必须下山的时间，就是说到了这个点，无论你身在山上哪个位置，都必须回头。因为你的体力、装备和资源都是有限的，过了时间不回头，你的生命危险度就会大大提高。无数的山难都是因为有些人不愿放弃，硬撑也要登顶，最后葬送了自己，还连累了其他人。我们登山都是按照节奏爬升：每小时要爬升多少，每半小时休息两分钟，每次休息必须喝水吃东西。每个环节都严格按照计划执行，这样才能保证顺利登顶并安全返回。走得太快体力下降得快，走得慢了导致时间不够用，休息的时间太长身体会冷却，水分和食物补充不及时会导致脱水或低血糖。也许一两个环节上出点小错看起来问题不大，但悲剧往往都是因为一连串小错误的累积，最后酿成大错。

食以民
食为天

　　民以食为天。对于大多数中国人来讲，口福始终最重要。遍尝异国美食也是旅行的一部分，因为体验异国文化、当地风情，最好的办法就是从吃当地美食开始。比如，到了西班牙必吃海鲜饭，到了德国吃猪脚喝啤酒，到了智利吃海鲜，到了阿根廷吃牛排，到了摩洛哥吃"塔吉锅"，等等。到了一个国家，连当地最著名的美食都没吃过，就有点入宝山而空归的感觉了。如果你是喜欢旅行的"吃货"，那就太完美了，因为你可以体验舌尖上的世界，更多一番享受。记得当年有个经典的电脑游戏《仙剑奇侠传》，主角李逍遥对林月如说"我带你吃遍天下珍味，看遍人间美景"，月如回答"吃到老，玩到老"。人生简直没有比这更完美的了。

　　我们爱吃也爱做，最喜欢研究美食，因此每到一国，对当地的美食绝不会放过，会尽可能地体验正宗的异国美食。最好的各国美食汇总就是英文版"维基百科"，用国家的英文名和"Cuisine"（美食）搜索就可以了。基本上主要国家的美食都有清单，从当地特殊的食材、调味料，到主食、点心、主菜、汤、甜食，应有尽有。最重要的名菜更是有详细说明，特色菜往往还有配图，通读一遍就可以对该国美食有个大致了解，比各种旅游书要简洁、实用得多。网页能存到手机里，离线也可以观看，这是其最大的好处。

很多人喜欢用点评网站找住宿地附近的餐馆，但不管你用"猫途鹰"还是"Yelp"去查排名，名列前茅的往往是汉堡、比萨之类。多数外国游客和我们中国人的相同之处是，长了一个"本国胃"，即便在异国他乡，还是喜欢吃惯常的食物，全无探索精神。所以一定要搜本地菜餐馆，再结合点评网站，最好再请本地人推荐。比如酒店前台客服或民宿老板，常常都会提供很棒的建议。如果读别人的游记，其中推荐了什么特别好的去处，也千万不要错过。

曾经路过科威特城，那儿并不是什么旅游城市，网上游记极少。但我们很巧地看到一篇游记，讲到那里烤鱼不错，只是具体在哪里，吃的又是什么鱼，只字未提。凭着"吃货"的钻研精神，我们居然逐步找出头绪，确定了几个可能地点。到了当地，按图索骥，果然到了当地人吃本地美食的集中地。几家烤鱼店提供的传统海湾美食极为美味，而且当地人的生活百态也都让人大开眼界。最后肚皮饱饱，收获多多。

到了异国饭馆而不通当地语言，又对当地美食不甚了解，点菜实在是一个极大的挑战。好在之前早将该国美食存在手机里了，那就按其中的名菜一

一桌子海鲜任你吃 →

个个问吧："这个你这儿有没有？那这个呢？"不通语言，靠比画也差不离，有图片就更好，可以展示给服务员看。曾有人在智利偏僻的海边小镇进了家馆子，菜单上无图无英文，从老板到食客也无人会英语。一筹莫展之际，他取出纸笔画了一口锅，再画螃蟹、大虾、贝壳，服务员看了心领神会，半晌，端上了热气腾腾的海鲜锅。周围的食客纷纷鼓掌祝贺。

在发达一些的城市，服务员往往粗通英文。因此运气好的话，不仅名菜可以点，当地的主食、开胃菜、餐后甜点、特色饮料，只要餐馆有，都会帮你拼凑出来，那你就"发达"了。如果你在当地待的时间长，几家馆子轮换下来，基本该国美食可以尝一轮。比如我们在秘鲁，就把当地美食扫荡了一遍。而且看到这样勤奋的"吃货"，对当地美食如此青睐有加，服务员和老板也往往很开心，经常给游客一些惊喜。印象特别深刻的是，在罗马尼亚小城布拉索夫的 Restaurant Transilvania，大厨听说我们特意来体验罗马尼亚美食，而菜单上没有"国菜"萨马勒（Sarmale）——一种用卷心菜叶子裹着香料和肉末慢炖出来的美食，感动之下就特意为我们做了一份，而且竟然分文不收！

除了当地美食，还有当地美酒，可以是烈酒、红酒或者啤酒，也可以是鸡尾酒。和寻找美食一样，关键是你要有一颗好奇心，看到不懂的、没见过的就问，或者赶紧和手机里的资料比对，往往会有惊喜。我们很多时候因此又多一份收获。而这些美食美酒往往都有背后的故事，这样又增加了对该地历史文化的了解，这远比单纯地走马观花要丰富多彩。值得一提的是，当地机场或酒店的休息室，也往往会提供一些当地美食，特别是当地啤酒，在休息室里可以畅饮。记得在南非约翰内斯堡国际机场休息室，看到我们很喜欢的大象甜酒，便一杯一杯喝到醉。

带上我们这套"吃货"秘诀，希望你在世界各国胃口好、吃得好，通过美食进一步深入体验当地风情。

巧穿衣　旅途如何

　　旅行路上天气常常变化莫测。很多美女带衣服主要考虑的是拍照美不美，结果遭遇突然降温，发现带了一堆美美的衣服却不顶用，而需要的衣服则没带。怎样穿衣服最适合旅行呢？

　　金科玉律就是"不穿棉质服装"。棉质服装特别是 T 恤质感舒适、透气吸汗，本来是很好的材质，然而在旅途中却可能成为致命的杀手，这绝非危言耸听。棉质服装吸水性很强，一旦湿了以后，会变得很沉重，这看似不是严重的问题，但有人过河落水因为厚棉衣太重无法游泳自救而丧生。此外，棉质服装湿润以后会变得很粗糙，摩擦系数大，磨损皮肤；而湿棉衣穿在身上，完全失去保暖能力，夏天被雨淋了也能让人冻个半死。那么旅行应该穿什么材质的服装最好呢？答案是化纤材质、羊毛织物，等等，而具体选用怎样的材质则要视具体的着装目的而定。

旅行途中天气变化多端，需要采用"洋葱式穿衣法"，也就是说一层一层地穿衣——父母常常叮嘱孩子，天冷加件衣服，基本就是这个概念——而不要采取"天冷我就穿上棉袄，天热我就光着膀子"的办法。旅行服装的分层应该分为贴身层、保暖层和外壳层。最里面是贴身层，要快干舒适。当中是保暖层，要保暖轻快。最外面是外壳层，要防风防雨透气。

最好的贴身层服装材质有：羊毛、化纤和真丝，其中前两者更适合有运动量的旅行。贴身层选择快干材质再好不过，比如聚酯纤维。快干材质很适合制作内衣裤，对于长时间旅行的人来说，路上必须换洗衣服，要想保证一晚上能干，快干服装是必备的。曾经有个快干内衣厂商做过一个广告说，"17国6周一条内裤……呃……也许两条"，当然这是开玩笑的。但就这点来说，对于我们前面提到的轻质化旅行是非常重要的——最多三套内衣裤，就能满足任何长时间旅行。因此快干材质服装是最好的旅行服装。通常我们旅行穿的裤子也都是快干材料制作的，有的款式裤腿有拉链，可以切换为长裤或短裤，适合不同季节。

贴身层外面是保暖层。在夏天，我们就带一件快干T恤，但在其他季节就需要外套，其中用于保暖的外套就是保暖层。春秋季或常温下，保暖效果最好的材质就是抓绒。抓绒很便宜，当初的发明者放弃了专利权来造福大众。抓绒湿了依然保暖，因此潜水者必备抓绒外套或抓绒毯。低温下保暖层最好的选择是羽绒，同重量下保暖性能最好，可压缩、方便携带，按羽绒膨胀系数算一般从400FP到900FP不等。如果去阿拉斯加、冰岛等地，即使是夏天也一定要穿羽绒服。越高性能，越好也越贵，去南极最好选800FP以上的羽绒服。羽绒一旦受潮就不再保暖，即使面料可以防水也可能会受潮，所以要小心。不穿的时候要松开存放，压缩次数是有限的，须注意保养。

保暖层中，第一要紧的是腿部保暖，也就是每个妈妈都要孩子穿的秋裤。我们出行必定带一条秋裤，即便是去热带地区。记得我们曾去南太平洋热带岛国玩过一圈，后来到了新喀里多尼亚，算亚热带地区，结果早晚冷得出奇，我们却忘穿秋裤。从此不管上哪里，必带秋裤。秋裤的材质可以是聚酯纤维的，基本就能满足在大多数情况下的需求。

　　保暖层的外面就是外壳层，要求是防风防雨透气。早期没有现代服装新材质的时候，外壳层主要就是雨衣，可以防风防雨。如今服装面料制作科技发达，自戈尔特斯材料（Gore-tex）之后，各种材料层出不穷。现在外壳层可以分软壳和硬壳，这包括了衣服和裤子。软壳是那种看上去漂亮轻便柔软，而又防水透气挡风保暖的"全能"衣服。但软壳的保暖性能一般，通常靠涂料防水，遇到雨天往往还是会湿。在天气相对温和时适合穿着软壳，旅行中基本就够用了。猫姐姐就喜欢穿软壳。硬壳也就是冲锋衣，是防水透气的外壳层，在极端气候区域必备，比如雨雪特别多的地区。如果是要滑雪，必须考虑有雪裙的衣服。

　　如今又有一种超轻薄风衣，号称"皮肤衣"，可以防水，这是肥猫的偏爱之物。这种衣服材料超级轻薄，收拢起来只有巴掌大，可以塞在包的角落里，几乎没有重量。穿在身上，防风防雨的能力相当好，也很容易干，而且特别符合"洋葱式穿衣法"。在不需要穿抓绒衣服的情况下，还可以充当保暖层使用。目前市场上比较好的有巴塔哥尼亚的 Houdini 系列，其中连帽款备受推荐。这样的皮肤衣特别符合轻质化旅行的要求，真的是旅行必备品。

　　关于穿衣的颜色选择，如果是去自然环境，或者有设施、有维护措施的公园，建议穿自然系颜色，比如绿、咖啡、土黄等，这样对自然景观的影响最小，不会造成视觉污染。如果是在真正的荒原无人区，那么越鲜艳越好，

↑ 快干衣裤，出游首选

↓ 冰岛的夏天也要常备羽绒服

因为这样容易被人看见，队友之间容易保持在视野之内，万一出问题也容易被搜救人员找到。而到城市旅行，建议入乡随俗，最好穿得跟当地人差不多。比如在欧洲，冬天大家都穿黑色、米色、灰色，如果穿着鲜艳的服饰，一眼就被人看出是游客，也许立马就让贼人生出歹念，这样对旅行安全没有任何好处。

说完穿衣说穿鞋。古诗说，"脚著谢公屐，身登青云梯"。南朝山水诗人谢灵运如果不是有双好鞋又如何能写出那么多山水诗呢？那么旅行该穿什么鞋呢？这要分不同情况。如果是在酒店度假，可能穿夹脚拖鞋就够了。但如果是需要走路观景的旅行，一双舒适的防水越野跑鞋会更适合。过去刚刚出现皮制运动鞋的时候，就取名为"旅游鞋"，其实就是网球鞋，用来旅游其实也不错，但不如防水越野跑鞋。那么有没有一双走遍天下的鞋呢？以我们自己来说，就是一双洞洞鞋走遍天下。在大多数的气候下，洞洞鞋都足够了，如果冷就穿双羊毛袜。穿双洞洞鞋，不怕弄湿，容易清洗，也不用带拖鞋了。洞洞鞋十分结实耐穿，在路上不用担心损坏，因此是最符合轻质化旅行要求的鞋。

我们说了很多旅行穿衣的诀窍，但是相信很多美女读者还是关心怎样穿衣服才能美美的。作为摄影师，简单说一下怎样穿衣服，拍出来照片才美。通常拍照，画面要简洁、突出主题。既然是拍人的写真就要突出人，不能让衣服成为主题。选的衣服要简洁明快、线条要简单，最好是单色，可以白的带一套、红的带一套、蓝的带一套，等等，提前搭配好。在五颜六色、很繁杂的市井背景前穿一套白色的，感觉就像出水芙蓉。在迷梦般的白色雾气中或雪景苍林前来一条大红的飘飘长裙，就有了女神范儿。这样的衣服在照片中格外抢眼，绝对是美美的，再学几个拍照姿势就搞定。如果嫌太素太单调，可以来条鲜艳的丝巾，或者反色调的包包，又或者是一顶夸张的宽檐女士草帽来作为道具配合调整构图。但是如果穿花纹图样繁复的衣服，往往很难拍好，那需要在摄影棚里打好灯光才会出效果。而旅途中往往没有那样的条件，反而容易使画面杂乱。这些拍照用的美美的衣服，如果是在酒店度假，换上一百套都行，但如果是长途旅行，建议就只在拍照时换上，而平时还是穿上文提到的功能性服装，才会让旅途更顺利、更舒适。

新人类
旅行大计：
充电和上网

以前经常有人告诉我，出去旅行就把手机"扔"了，否则还怎么远离尘世烦嚣呢？后来这样的说法逐渐听不到了，因为身处信息化社会，一天不上网就百爪挠心，还怎么有心情旅行？前文说过的"旅行必备十大利器"，其中导航、照明都可以用手机来实现，如今手机当然是旅行必备的物品。

但是手机、相机这些电器带得多了，充电就成了一个大问题。不论是手机、相机、平板电脑还是笔记本电脑，配套的充电器和电线是必须携带的。充电宝在没有电源的时候就非常重要了，最好使用带手电功能的充电宝，必要的时候可以当照明工具用，比举着手机走路安全。另外，按中国民航局的规定，充电宝是不能托运的，必须随身携带。其他多数国家（地区）倒没有特殊规定，但按着严格的规矩来比较安全。

到了国外由于电源插头形状不同，常备一个国际通用的电源转换器是非常必要的，只要在大多数国家（地区）能应对就可以了。目前主要有美国标准、中国标准、欧洲标准和英国标准。另外最好带一个带 USB 接口的小插线板。如果你有好多小电器需要充电，却只有一个电源转换器的话，插线板可以同时给多样电器充电，很节省时间。我们经常有一台电脑、两部手机、三到五台相机需要充电，所以带两个电源转换器。如果租车的话，还要有一个车载点烟器转 USB 接口的转换器。可以将这些和充电器、电源线、数据线，都装在一个防水袋中，做成一个电器包，每次出发只要记得带上电器包就可以了。

　　如果没有电源转换器，通常高档酒店或国际机场的洗手间，往往有用来插剃须刀的国际电源插口，你可以用它充电。另外，如果酒店或机场休息室有电脑，那就有 USB 接口可供手机充电，许多国际机场也会提供 USB 充电区。实在没办法，不妨问问酒店前台是否有电源转换器。此外，一般前台服务员会给自己的手机充电，因此也可以用他们的手机线替你的手机充电，通常他们都会乐意帮忙。在公共场合充电，如果自己无法看管，可以给充电宝充电，一般没人会顺走。

充电问题解决了，进一步的需求自然是 Wi-Fi 信号，上不了网可是天塌下来的事。有些手机应用可以找 Wi-Fi 信号，不过一般来说在快餐店、咖啡馆，比如很多地区的麦当劳，最容易找到免费 Wi-Fi 信号，也不一定需要消费。城镇的公共图书馆一般都可免费上网，此外酒店大堂，机场，欧洲的大巴车、公交车很多都有免费 Wi-Fi 信号。有的高端信用卡送 Boingo 网络的账号，可以在全世界连接热点。另外，在繁华的大街上，稍微留意下，会发现很多 Wi-Fi 信号。我们印象比较深的是圣彼得堡，在街心花园、教堂旁边、小餐馆外，到处都能免费上网。

　　有时候到处找 Wi-Fi 信号也不现实，能够开通国际漫游服务就很方便，随时可以用，可惜中国三大电信运营商的国际漫游服务都很贵。现在比较常用的方法是使用"漫游宝"，可以买，也可以租，在机场领器材，价格相对便宜。另外，国内一些科技公司也推出了相关产品，类似 Boingo 网络，可供用户连接热点，比如华为的天际通、联想的 Lenovo Connect、逸游的"说走就走"全球上网卡，都是可以考虑的全球漫游的办法。除此之外，可买当地的手机 SIM 卡，通常也不太贵，虽然花点钱，比起到处找免费 Wi-Fi 信号轻松多了。

有些人
飞得真在行

　　赶飞机经常令人倍感压力，但你会发现总有那么一群人对出行特别在行，什么都可以快速搞定，而且把旅途打理得舒舒服服。这就好像做任何事情，都有最佳操作流程，如果你掌握了高效率的旅行操作流程，那你也一定可以事半功倍、轻松愉快。

　　要想一路顺利，首先出发前一定要确认航班。有时候航班会取消，会延误，因此你需要在第一时间知道。现在通常可以使用手机应用，比如"航旅纵横"适合国内航班，TripCase 适合国际航班。手机应用绝大多数时候都会准确及时地反映你的航班信息，但是也不可尽信，重要的航班信息还是要到航空公司官网或机场官网查看。特别是，如果所购机票是第三方航空公司的里程票，就一定要到官网确认航班信息。

其次，要事先打印登机牌。大多数航空公司都是起飞前 24 小时开始办理网上值机，有些则更早。这时一般航空公司会放出更多座位可供选择，如果对之前选好的座位不满意，应尽早办理网上值机，以重新选位。而有些航空公司，比如易捷、瑞安这样的欧洲廉价航空，必须要事先打印好登机牌，如果到机场打印登机牌会被收取好几十欧元的高额费用。而也有航空公司干脆不让挑座位，只有一个排位顺序。比如说美国西南航空，一到登机前 24 小时，所有乘客会守在电脑前"抢位"值机，争取排位较为靠前，晚几秒钟就可能被排到 C 组，那就只能最后登机了。

去机场到底要提前多久，的确是个很难回答的问题。一般大机场、枢纽机场、反恐重点布防的机场，国际出发都应该提前 3 个小时以上到机场。如果是很小的机场，比如热带小岛的机场，可能提前 1 个小时到都嫌太早。在复活节岛上，旅馆前台对我们提前 1 个多小时去机场的行为很不以为然，后来我们果然发现登机前半小时乘客才陆陆续续到来，大家都不急。可见，这需要结合当地交通情况、游客自身的情况来作答，可以说是个"小马过河"的问题。如果是从国外"血拼"之后回国的，记得在机场多留出一些时间，特别是要赶在同机回国的大队人马到达前搞定退税事宜，免得挤在人堆里。

过安检最节省时间的方法，就是别带违禁品，特别是在随身行李中，别在什么角落里忘了一瓶水，又或者藏了个打火机。身上口袋里也别放任何零碎物品，比如硬币。随身行李中如果有小包装的液体，就将其归拢在一个透明封口塑料袋里。如果是出境旅行，要注意很多食品不能带下飞机，比如蔬菜水果、肉食和奶制品，以免入境时有麻烦。比如在塞舌尔，会有警犬扑上

↑ 廉价航空确实便宜，从爱尔兰飞到马耳他，只需约 30 欧元。图为马耳他首都瓦莱塔

↗ 热带海岛水果丰盛便宜，千万不要自己带水果去

来闻你有没有带肉食。很多海岛，比如新西兰，严禁外来食品。要是不慎带了橙子，入境被查到，那么等待你的将是好几百新西兰元的处罚。

过了安检，如果还有很长时间才登机，可以寻找合适的休息室休息。好的休息室有免费的食物酒水、办公设施、儿童区、免费 Wi-Fi 信号，关键是在一个相对封闭的安全环境中，可以放松一些。不过近年来，特别是中国周边的热门旅游目的地，也多次发生过休息室盗窃事件，所以也不能过于放松。休息室可以付费进入，但既然是聪明旅行，当然尽量使用免费方法：头等舱、商务舱乘客有自己的休息室；VIP、CIP 在一些机场都有专用贵宾休息室；三大联盟的高级会员只要乘坐本联盟航班，都可以使用联盟会员的贵宾休息室。我们出行经常会遇到有多个休息室可以选择的情况，长时间转机时甚至可以进行"休息室半日游"，尝尝不同的食物。

很多机场会提前很长时间就发布最后登机广播，有的甚至会提前 1 小时。往往这样的登机口还有二次安检，你必须很早前往。比如斯里兰卡的科伦坡机场就经常这样。虽然进入登机口后，也只不过是在登机口坐等，远不如在休息室舒服，但是你如果不及时赶到，航空公司地勤可能不让你进登机口，因此不可迟到。这类有二次安检的登机口，往往不能带水上飞机，因此建议不要在机场买水。

飞得在行的朋友在订航班的时候就会注意机型，特别是跨洋的长途航班，新的机型往往空间大设施好，旧的则相反，但票价却未必有区别，所以当然要挑选有新机型的那一班。同样买票选座位的时候也是非常有讲究的，即便是同样价格的座位区，座位也有优劣。比如说紧急出口前的一排在有的机型上是无法放低座椅靠背的；又比如在走道略有转折处，空姐的推车容易撞到座位，等等，存在各种细节。这些都可以在专门网站查找，比如"SeatGuru"。

　　长途飞行常令人身心俱疲，而眼罩和耳塞是睡觉的法宝。眼罩有质量区别，很多航空公司都免费送。头等舱、商务舱送的质量更好，主要体现在透气性、遮光性、内壁质地、鼻部细节设计、松紧带质量等处，如达美航空商务舱赠送的Tumi眼罩就不错。耳塞则建议购买，大部分航空公司赠送的免费耳塞大多质量不佳，主要是很难塞到位，因此不能起隔音作用。而国泰航空赠送的耳塞是"3M"出品的，材质为记忆海绵，还不错。塞耳塞的秘诀是要把耳郭向外拉，这样耳孔就变大了，再把捏到最小的耳塞塞入，这样就会塞得很好。在飞机上休息好，才能玩得好。

人在江湖，
安全第一

哪有　没钱没时间　这回事

中国有句古语，"危邦不入"，要保障旅行的安全，首先要避免危险的地方。世界这么大，有的是没去过的、有趣的地方，何必在危险的时候去危险的地方呢？这个世界在不断变化，现在还太平的地方可能很短的时间内变得不太平。最重要的是，世界之大，也并没有非去不可的地方。

我们说避险也不是说不能冒险，而是不冒无谓之险。登山、攀岩、帆船、漂流等都是很刺激的极限活动，都是需要冒险的。我们都进行了充分的准备练习，把各种风险降到最低，才能去冒更大的险。当年的"长江首漂"，为民族争光的勇气令人佩服。如今漂流的科学知识已经很容易获取，在这样的情况下，再去以当年前辈们一样的方式漂流长江就是鲁莽了。我们掌握了方法来避险，就可以挑战比长江漂流难度更高的漂流，这才是科学的冒险。旅行也是一样，要尽可能减少各种不安全因素，而不是浑然不知地乱闯，结果在不值得的环节上吃大亏。

除了生命的安全，财产的安全也是很重要的。有很多地方治安不好，去了一般不至于送命，却可能遭遇抢劫和偷窃，那么学习一些保障财产安全的方法还是很有用的。旅游保险就是其中一招。旅游保险涵盖很多内容，每个具体产品涵盖内容略有不同，通常包括人身伤害险、医疗险、个人财产险、救助险、旅行机票取消延误险等，甚至连签证费都可以投保。要认真看清保单的各种条款，避免合同陷阱。

防止意外发生，依然是要靠自己注意的。首先，要明确每个人都必须为自己的安全负责。切不可想当然，觉得有导游，有亲友，人多、互相照应就不会有问题。出意外的时候，很有可能就只剩你一个人，又或者他人根本就

← 在黄石公园热泉区，不可离开公园的步道

靠不住。我们就目睹过很多次这样的情况：有游客托朋友看行李，很多情况下这个朋友就只顾着聊天或者"刷"手机，根本就不会多看一眼行李。只有你自己才能为自己负责。

其次，要遵守规则。在很多危险的地方，早有警告，比如说美国黄石公园，到处都是标牌，写着"不要离开步道""热泉危险"，但每年还是有人想要靠近热泉。2016年就有人因此落入滚烫的喷泉口里，结果尸骨无存。如果旅行指南都说，在某地晚上不要出门，那就不要出门。如果公园有警告标识，就照着做。团队说什么时间集合，就什么时间集合。这些都是为了旅客的安全而定的。

再次，要始终保持冷静，遇到任何事情不要慌。慌张是旅行者最大的敌人。要相信凡事皆有解决之道。

此外，前文也讲到，在旅途中最容易遇到的麻烦是偷盗和抢劫，因为大部分坏人还是冲着钱来的。古语有云，财不外露，要是在旅行路上穿金戴银，服装包包都是名牌，那难免会被贼惦记上。遭遇偷窃而失财还算好，遇到打劫甚至绑架，就有生命危险了。因此自助旅行还是穿得朴素些为好。谨记：行事低调，财不外露，眼观六路，耳听八方，远离看上去热情过度的陌生人。

旅行需要携带的证件、现金、信用卡，最好是放在旅行防盗腰包里。有的人喜欢挂个证件夹子套在脖子上，这么做的缺点是太显眼，坏人一看就知道这是搁钱的。而旅行防盗腰包比较隐蔽。证件要有复印件，现金要分几笔分别放，信用卡也一样，多带几张。关于信用卡，出国前最好将前往国告知开户行，避免银行因为突然发生的异国消费冻结账户。财物分多处存放，就符合了前面说的"冗余"原则，万一被偷被抢，身上还有应急的钱财和证件复印件。证件和信用卡的照片最好在网络上存档，这样即使遇到了意外情况，补办护照、签证也有依据，信用卡挂失也知道号码。

随身带点零钱是常识，更关键的是使用小钱包。有了小钱包，平时小笔花销不用从大包里拿钱。特别是在一些有偷抢问题的地方，付钱的时候，钱包的位置就落入有心人眼里。如果这只是个零钱包，则安全得多。如果遇到抢劫，这也可以成为一个牺牲品，来保护你真正重要的钱包。小钱包里放大约 20 美元还是必要的，免得钱太少起不了掩护作用。20 美元一般就能达到花钱消灾的效果，如果给得太少可能招致人身伤害。另外放一张报废的信用卡，也可以起到掩护作用。你可以解释说，自己平时都以刷卡为主，所以现金不多。坏人即使不全信，但也降低了因为抢到的钱少而想暴力发泄的可能。

有的时候小偷找不到钱包，就会选择偷走一个包。前面我们提到要轻质化旅行。如果你一个人有三个包，贼一拥而上分抢三个包，你追哪个好？而如果你只有一个包，那就不用选择了，追上去就好。我们就曾经遇到过这样的抢劫把戏。在智利北部城市卡拉马的车站，因为要询问车次，肥猫走开了，剩下猫姐姐看包。两个人有四个包，由一个人看守，一下就有了弱点。一个当地人走近，突然把手里的饮料洒在包上，然后假意道歉、擦拭，转移猫姐姐的注意力。另一个人过来抢了包就走。这时候其实是很危险的，因为如果你去追，你剩下的包就处于危险中了，坏人的同伙就会来趁机拿走。好在我们的包都是拴在一起的，因为是用背包带拴的，所以贼也没注意。就那么一秒钟延迟，猫姐姐眼明手快地把包抢了回来。当时摄影包里还有笔记本电脑，玻利维亚"天空之镜"的照片全在里面，没有备份。如果当时没有从贼人手里抢回来，那就真的是欲哭无泪了。

在这里要特别提醒大家，任何行李，要么拴在身上，要么和其他行李拴在一起，永远不要散着放。特别是带孩子的，孩子一定要拴住。如果包是拴住的，孩子是拴住的，他们一下拉不走，就会放弃。还有更厉害的一招——在贼拉着包要逃时，赶紧拉着包带就势往地上一蹲。贼正往前冲，感受到突如其来的向下的拉力，会立刻失去平衡，狠狠地摔在地上。这是防止飞抢的"大招"。

在无法确定环境是否安全的情况下，不要过度兴奋、人来疯，也不要显得茫然无措。前者在坏人眼里是傻瓜的标志，后者则是弱者的标签。另外也不要当街拿着一张地图看，摆明自己就是游客。如果要看地图，商量什么事情或者从包里拿什么东西，到街边正经的商店里去做这些事。走在马路上，不靠车行道，也不靠街边房子走，走中间。在治安问题实在太严重的地方，比如里约热内卢，建议坐出租车进出，不要自己乱走。在安全的环境下，你可以微笑、放松，但在不安全的环境下你要显示出自己不好惹。记住坏人永远选择他们认为的傻瓜和弱者，只要你比周边的人群显得略微机警和强大，坏人就会悻悻地放弃了。什么样的人最容易成为受害者？就是看上去像个受害者的人。

旅途中遇到各种有趣的人，相互交流，交个朋友是令人开心的事。但是万事都分场合，如果是在不那么安全的环境下，比如大城市的街头，最好的防身术就是不和陌生人说话。一般在人多杂乱的街头，过来搭讪的都是小贩、拉客的、骗子、闲汉。别相信一个当地人会找一个游客问路，不和闲人搭话、与其保持距离就是保护自己的办法。对方跟着你说个不停，你就当作听不懂，用你的母语胡说一气，趁对方听不懂、愣神之际走开——不理对方就是"王道"。如果在相对安全的环境下，比如车船飞机上、酒店饭馆里，那么可以在合理的范围内交流，但也需要用常识判断，保持应有的安全防范意识。有些关于自己的情况，不要轻易和陌生人吐露，比如被问及"是不是第一次来"，即便是第一次也别说。"第一次来"意味着对当地情况不熟，容易被人坑。被问及"你住的酒店在哪"，也别说；如果说了，万一对方是坏人就可以摸上门来。还有人会问"是不是一个人"，或问女生"有没有男朋友"，别回答，这些信息都可能被坏人利用。回答时暗示"我们有一大帮人"就好。

还有一个防坏人的"大招"，就是让坏人都怕你。这一招现在是肥猫的"御用"招术，并不一定适合所有的读者，而且一般只适合在较凶险、坏人较多的地区用。之前说过危邦不入，一般我们也避开这些地方。而有的地方并不是整天枪战的黑帮地头，只是一般治安差的区，比如那些到处都是涂鸦的区，街边都是游手好闲、不怀好意的人。在这些地方，这一"大招"还是很管用的。肥猫的秘密"神器"是文身袖套，还是那种云龙纹的，看上去很逼真，配合花头巾、墨镜和扑克脸表情，加上肥猫经常举铁健身练就的发达肌肉，看上去就是山口组的杀手在度假。肥猫有的时候还将塑料链条拴在裤腰上加强效果。这么说吧，就这样走在路上或在地铁里，当地闲汉基本上一律自动闪开。不过这一招虽然好用，但如果用在文弱书生或者清秀的女生身上就完全没用了哦。

哪有　没钱没时间　这回事

← 我们使用多年的旅行防盗腰包

↙ 防身利器——文身袖套

↓ 幸好没落入贼人手里的"天空之镜"的快乐回忆

休息好
才能玩得好

旅行听上去很轻松，其实是个体力活。旅途上如何休息好，是个"技术活儿"，绝不是简单住个豪华酒店就可以保证的。

要休息好，和很多旅行环节环环相扣，比如行程的安排。如果将一个旅程安排得过于紧凑，天天如此，身体肯定吃不消。旅行节奏是因人而异的：小孩可能需要每天 10 小时睡眠；年轻人可能只睡三四个小时就可以进行高强度活动；老年人虽然睡眠时间或许只需 6 小时，却需要较多的休息时间，活动也应该慢节奏。因此找出适合整个团队的舒适节奏，再来设计旅程，才能保证一切顺顺利利。如果是老中青幼一起出行，请照顾老幼，以他们的节奏为优先。

旅行中的某些坏习惯是休息的大敌。最不可取的就是熬夜。年轻人可能连熬一两夜没事，但连续熬夜好几天是不行的。熬夜后，第二天必定精神萎

靡。为了赶路，或者为了省一天酒店的钱熬夜开车更不足取，即使几个司机
轮流开仍会很疲劳。不久前洛杉矶就发生过一起事故：两个家庭一起开夜车，
结果出了点小车祸，停在路边处理时，一辆十八轮大货车刹不住直冲过来，
把他们的车撞到路基之下。车起火燃烧，只有坐在前排的两位父亲逃出。开
夜车实在太危险，连夜赶路要不得。如果需要赶夜路，可以选择坐大巴。大
巴司机受过专业的训练，他们的工作时段就是夜里，在白天已充分休息，由
他们驾驶相对安全得多。

　　如果坐红眼航班，那么到达后的第一天就不要安排太多活动，减慢节奏，
以休闲为主。如果因为路途上的奔波劳顿无法保证晚上充足的睡眠，那么在
白天找到机会就打个盹，特别是午后小睡一下，是恢复精力的好方法。在旅
途上，如何找到可以睡觉的地方，并且迅速入睡，就看个人的"功力"了。
对我们来说，只要有一片无人打搅的僻静平地，就可以小睡。在机场、车站、
路边、树林、海滩、山顶，哪里都可以睡。超轻自充气睡垫，配备眼罩耳塞，

指哪睡哪。

另一个旅行中常见的与休息相关的问题就是倒时差。这个问题也曾困扰我们多年，因为经常出行，所以经常困扰，直到看了 BBC 纪录片《睡眠十律》介绍的一个办法：人体除了生物钟，还有一个食物钟，当人体不进食超过 16 小时，食物钟就会被触发。也就是说，旅途上饿上 16 小时，比如在长距离航班上，只饮水，不摄取食物，落地后按当地饭点进食，食物钟会把人体的生物钟重置到当地时间。这个办法还是挺好用的，但是我们觉得旅行途中不怎么需要倒时差，因为旅游总是让人比较兴奋，时差对人的影响没那么严重。相反旅游结束回到日常生活中，人一放松就容易感受到时差，所以建议在回程时利用食物钟来调节。有的人不需要饿那么长时间，饿 8 小时也产生了很好的效果。大家可以试试，回到家后可不受时差之苦。

《睡眠十律》还介绍了一些帮助睡眠的方法。比如说，晚饭吃啥有助睡眠？吃淀粉类最好。面食消化时会促使人体产生血清素，使人困倦；而摄入肉类、海鲜则会减少血清素，使人清醒。因此午饭吃肉类、海鲜为好。睡前 1 小时洗个热水澡，体温的逐渐降低会降低心律，让人安神、容易睡眠。这是有道理的，体温低心跳变缓，肥猫在练习自由潜水时就发现这个规律了。另一个帮助睡眠的方法是，在睡前进行 15 分钟肌肉绷紧再放松的练习，把身体主要部位的肌肉都逐一紧绷再放松，放松腿，放松手，放松脸部……放松后想象身体如同一摊烂泥一样，这样就会让身体整体放松，心律也会降低，能快速进入睡眠状态。睡觉前不要进行剧烈体力或脑力活动，少看手机电脑，让自己安宁下来。

旅行如何防病

旅途上会经过机场、车站、热门景点等种种人群聚集的场所。所去的异国他乡有的地方卫生条件得不到保证，游客有一定概率感染各种疾病。那么在旅途中如何保证不生病或者减少生病的概率呢？

最重要的是，要做好功课。如果你计划要去的地区已经有大规模疫病传播，那么建议你就不要去了。之前西非地区爆发埃博拉疫情，本来我们计划去那里，就改去了南非看大白鲨。但仍有网友要去闯疫区，实在不明智。2016 年，在巴西以及南美加勒比很多地区，寨卡病毒肆虐，育龄妇女必须小心避开这些地区。去有些传染病的疫区，比如黄热病疫区，如果不是爆发期，预先打疫苗可以前往。事实上，这些国家（地区）通常要求游客必须有疫苗证明才准其入境。

通常情况下，常见传染病有以下三种传播方式：病从口入、呼吸传染、蚊虫传染。

　　首先说说病从口入。有些国家（地区）是肝炎传播区域。当然你可以打肝炎疫苗，但是吃东西还是要注意。有些国家的自来水不能直接饮用，饮水时要么将自来水煮开，要么喝瓶装水。生的蔬菜不要食用。最重要的是要经常洗手，病从口入其实最先还是从手上带来的。机场、车站等各种公众场合，特别是门把手，是病菌最多的地方，但只要用肥皂洗手就可以杀灭绝大部分细菌。没有洗手的条件就随身携带免洗洗手液，免洗洗手液是旅行必备十大利器里医药卫生类的重要物品之一。在有的地方，食品安全难以保障，尽量避免使用非一次性的餐具。通常油炸类食物经过高温消毒，相对比较安全。比较高级的餐馆相对来说卫生有保障。万一"中招"拉肚子，也不要太慌，可能是饮食引起的，也可能是水土不服导致的。黄连素是很不错的治急性腹泻的药，而且是非处方药，可以在急救包中常备。另外要注意及时补充水分。

　　通过呼吸传染的病，比如流感，在人口密度较大的国家（地区）最常见，游客很容易被传染。坐长途飞机、火车、大巴，如果遇到有人打喷嚏、咳嗽，

→ 埃博拉病毒比大白鲨危险

那就有染上流感的可能。现在由于雾霾问题，很多人有防PM2.5的口罩，可以过滤病毒，在需要的情况下也可以在旅途中戴。虽然戴口罩比较难受，但是生病更难受。等离开人群聚集或者封闭的空间，就可以拿掉口罩。注意普通口罩对病毒无用，必须是防PM2.5的口罩。长时间坐飞机、坐车之后，我们还会洗鼻，就是用随身携带的生理盐水冲洗鼻腔，这也是防止呼吸道疾病的好办法。随身带100毫升以下的小瓶生理盐水以及用来兑盐水的小盐包是很有必要的。

另一个疾病传播方式就是蚊虫传染。这些疾病包括前面说的寨卡，也包括更常见的疟疾。如何防止蚊虫，事实上没有一个比较权威的说法。如果不当心被蚊子咬了很多包，大部分人涂点花露水止痒，过几天包就消了。如果有人会肿起很大的包而且多日不退，往往是过敏体质，可以涂苯海拉明膏。我们曾经在亚马孙丛林每人被咬了几百个包，几乎是包连着包，实在被咬得太惨，从此痛定思痛，博览群书，皓首穷经，参考了HIV鸡尾酒疗法，亲自去蚊子最凶恶的地区做"人体试验"，终于总结出目前最为有效靠谱的"户外N重鸡尾酒防蚊法"，特别适用于蚊子遮天蔽日的森林湖泊等野外环境。概括地说，不同地区蚊子习性不同，因此采取多种方法同时使用的办法，总有一款对当地蚊子管用。如果你有防蚊喷剂，有几种就同时使用几种。夏天穿浅色透气的长袖长裤，最好再穿上防蚊服、戴上防蚊头罩，它们使用的是类似纱窗的材料。市场上也有含防蚊液的服装。如果不是夏天则可以穿雨衣，这样蚊子刺不穿。有一种随身携带的蚊香盘可供随身点蚊香，非常有用。此外，睡觉时用蚊帐，或者是带网纱的帐篷。

我们将以上方法在蚊子成群的阿拉斯加夏季河畔、森林、水泽试行了一周。据说，肥猫的血型是蚊子优先攻击的类型，平时被咬的包的数量至少是

↑ 在亚马孙丛林中必须使用防蚊头罩

别人的四倍，那一周只被咬了十来口。猫姐姐的情况也类似。作为对照样本的另一组队友也在阿拉斯加，一周后和我们汇合的时候，裸露的手、脑门都是由肿块构成的。对比我们在同样蚊子凶猛的亚马孙丛林之旅中被咬的几百个大包，可知"户外 N 重鸡尾酒防蚊法"取得了极大的成功。篇幅有限，这里只简单介绍了其中的几种方法。

旅途中除了防病，还有不少需要注意的保健问题，比如防晒。中国妹子们都是最有心得的，而有的男生喜欢充硬汉，不喜欢防晒，认为晒黑点更帅。其实主要是因为中国大多数主要城市紫外线强度有限，仿佛晒了没事。但在很多地区，特别是野外、海边、高原，紫外线非常厉害，在外面走上一天不做防护就会晒伤，而严重晒伤就是皮肤烧伤。小时候完全不懂防晒的概念，曾去长江口的海滨浴场玩，一天下来就黑得像炭。更严重的是，皮肤烧伤了，第二天全身开始脱皮，而且皮肤疼得根本没法躺下。如果旅途中晒成这样，就把后面的旅行给毁了，所以我们在旅行时很注重防晒。

防晒首先要保护眼睛。眼睛最脆弱，阳光猛烈时需要戴墨镜，防紫外线。偏振光墨镜会让你看到的景色色彩更好看。防晒的组合是"宽檐帽＋防晒油＋长袖长裤＋墨镜"，这是旅行必备十大利器之防晒利器。宽檐帽如果有后脖帘子更好，没有的话可以用手帕扎在脖子上防晒，或者在后脖处多涂些防晒油。防晒油在鼻子、肩膀、后脖处要多涂，一般 SPF30 的就够了，最重要的是每两小时要补涂。如果夏天玩水，记得在后脖、后背、腿后侧多涂防晒油。同时记得使用润唇膏。润唇膏记得选带 SPF 值的，常有人防晒忘了嘴唇。肥猫一般旅行不戴宽檐帽，但是其标志性花头巾有多种戴法，有的就是专门用于防晒。而在紫外线强烈的环境中，肥猫也会戴宽檐帽或者其他更强力的防晒用品，比如面罩等。另外在旅途中，比如在飞机上、机场里，或沙漠地区，湿度很低，可以使用保湿霜，用酒店附送的小瓶即可。

旅行必备十大利器中另一个比较重要的是急救包。急救包在多数药店可以购买到，通常包括：三角绷带、绷带卷、无菌纱布、创可贴、胶带、消毒湿巾、杀菌药膏、安全别针、镊子、一次性手套、铅笔、急救手册。购买的急救包可能需要精简，以适应旅途携带。比如一般急救包都包括剪刀一把，但这种手术剪是带不上飞机的，你可以不带剪刀或者改带针线包里的超小剪刀。别针不仅可以别绷带，平时有什么东西坏了，也可以用别针救急。电影

《漂亮女人》里大嘴妹的高统靴坏了，就是用别针固定的。急救包还应包括一些常用药片，比如止痛消炎退烧的布洛芬、治腹泻的黄连素、清凉油，等等，选你平时会用到的非处方药即可。会晕车的、容易产生高原反应的，要自备药品。平时吃的处方药，也别忘带。长时间旅行可能导致营养不均衡，需要每天服维生素。比如我们除了服用广谱维生素，还服用维生素 B。维生素 B 缺乏会造成口角炎、口腔溃疡，这些是旅途最容易出现的维生素缺乏症，主要是在路上很少能吃到粗粮造成的。注意，有了急救包，不会医疗护理和急救方法也没用，因此有机会学习一下护理常识和急救知识是非常必要的。如果不清楚急救方法，正规急救包都有急救手册，可供参考。如果出现紧急情况，立刻拨打当地紧急号码，或拜托当地人打电话呼救。

　　说了这么多旅行的秘诀，讲了这么多出游的诀窍，其实关键一招，就是"走为上"。你必须跨出第一步，而不是想着以后要如何如何，那也许永远都只能是"下一次"。我们的百国之旅也是十几年前从第一次出国开始的。如果需要达成什么目标，现在就行动，即使一小步一小步前行，最后也能够到达终点，但不积跬步，何以至千里？世界上很多美景都在逐渐消失，它们在呼唤你，如果现在不去，也许永远也看不到了。很多机会都是一期一会，我们当珍而重之。从今天起，从现在起，走起！

这个世界
如此美好

　　前面介绍了这么多聪明旅行的攻略，接下来就要让理论指导实践。走出去，在旅行中应用这些方法才是最重要的，正所谓"学以致用"。我们挑选了每一大洲很有意思并且很有代表性的目的地，与大家分享我们的旅途故事，这些旅程中也都用到了前文论述的各种经验。

哪 有 没 钱 没 时 间 这 回 事 //

梦幻摩洛哥：
没有时间观念
的撒哈拉

终于要去撒哈拉了。

去撒哈拉大沙漠的"三天团"，绝大多数是从马拉喀什出发。其中有部分人会在沙漠小镇梅尔祖卡离团，不随大部队返回马拉喀什，而坐大巴前往非斯。我们则选择了反方向，从非斯入，至马拉喀什出，是因为听说很多人冬天去沙漠，由于日照时间太短，路上又被导游带着买东西浪费很多时间，经常赶不及在沙漠里看日落。对于热爱自然风光的人来说，到了撒哈拉却看不到"大漠孤烟直，长河落日圆"，可是天塌下来的事情。如果从非斯出发，那么到达梅尔祖卡是在白天，上午就可以进沙漠，这样就保证能看到日落。

凌晨 5 点，大巴在漆黑中来到一片荒地，说是到了梅尔祖卡。大巴上的车友陆陆续续被自己订的旅行社接走，黑暗中只剩下我们和一个来拉骆驼团生意的柏柏尔人，让我们跟他走。没办法，只能在伸手不见五指的夜色里，跟他来到了一家酒店，不知是阿里巴巴还是四十大盗的家。

酒店里面看起来挺气派，柏柏尔人让我们先休息一下，说老板 7 点会过来，他自己要睡回笼觉去了。等啊等啊等，老板终于姗姗而来，外表老实，说话沉稳。先开了个高价，我们当然不从。于是一番拉锯战，相持不下。"看看隔壁挪威夫妇，付的价钱快到你们给的两倍了，你们还不满意吗？"老板慢悠悠道。"老板啊，我们可是背包客哦，哪可能跟高福利国家人民比？"我们自然也得哭穷。于是三人大眼瞪小眼，一时无话。老板也不急，给每人倒茶。喝着喝着，终于各退半步成交。

我们在当地跟旅行团，极少出发前预订，一般都是到了以后讨价还价。因为一般网上的价钱都是痛宰外国游客的高价，而到了当地便宜得多，选择也更多——很多小旅行社根本没有网站。那么会不会出现到了目的地却已经客满订不上的情况呢？除了圣诞、新年、春节这类高峰期，这种可能性微乎

← 撒哈拉的白色骆驼

其微。在成熟的旅游地，旅行社多如牛毛，所以到了当地只要预留出货比三家的时间就好了。只要是合眼缘的，最后结果都不错。人在路途，随缘是我们的法宝。既然人家大清早把我们接回去了，就是缘分。

我们还必须搞定第二天上午去马拉喀什的车票。一天只有上午一班，如果这一班没赶上，那我们就要困在马拉喀什赶不上去卡萨布兰卡的飞机。真是每天都跟打仗一样啊。于是老板让店员带我们去车站买票。早就过了开门时间，车站居然一直没开门！有一对香港小夫妻，也在那里束手无策。沙漠里的人，真的是没有时间观念，这里的人最不缺的就是时间。看到我们行程紧张，他们无法理解：为啥要如此跟自己过不去呢？没时间等下去了，只好跟着店员回去。店员顺便在车站边上的水果摊买了一袋橙子，说是晚上给客人吃的。

回到酒店，对着老板哭丧着脸，说车票没搞定，去不了马拉喀什，回不了家了。老板一脸淡定，压根没觉得这是个事儿，说傍晚有一车马拉喀什来的旅行团，明早回去，可能会有位子。我们说："老板一定要为我们做主啊，今天帮我们打个电话问问，敲定这事好不好？"老板微微一笑，还是一脸淡定："明天，到明天就知道了。"这慢条斯理的劲儿，着实快把我们急出病来。

骆驼团已经整装待发。看着穿着长袍的柏柏尔人把滑雪板装到骆驼身上，就觉得很有"喜感"。我们一个个骑上了骆驼，慢悠悠地上路了。到此刻为止，我还不晓得我们晚上的营地在哪里，甚至连酒店的名字都没搞清楚。一回头看到老板正在阳光下喝茶聊天，赶紧扯着嗓子大叫："老板啊，请别忘了我们明天的车票！"他略欠了欠身，不紧不慢地朝我们挥挥手，就没有其

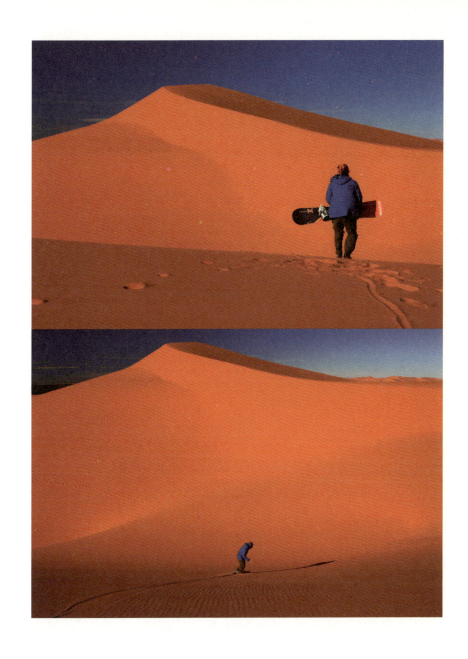

↑ 在撒哈拉最高的阿尔切比沙丘滑沙

Part - 5　这个世界如此美好　「行摄篇」

他反应了。唉，我只好继续为我们的前途命运担忧。

小镇梅尔祖卡就紧临着撒哈拉，没一会儿工夫，我们已经完全在沙漠里了。驼队走过，留下一串串深深的脚印。金黄色的、带有丝绸质感的、连绵起伏、无边无尽的沙漠，没有开始，也没有结束。我们真的到了撒哈拉，感觉像做梦一样。风沙未起的时候，沙漠就是世界上最温柔的地方。

途中经过一些袖珍村落，还有一些营地。我们一直在想今晚会在哪里落脚。看到一些游记里写着，人们坐在营地遥望最高的沙丘，喝着薄荷茶，看着夕阳慢慢把沙丘染成红色。这是何等"高端大气上档次"的生活。从直线距离看，如果从酒店直接走到最高的阿尔切比沙丘，估计连半小时都不需要。因为我们有一整天的时间可以消磨，柏柏尔人牵着骆驼带着我们到处乱转。终于我们看到远远地出现了一个高高的沙丘，那一定就是阿尔切比沙丘了。我们的队伍行进方向正对着沙丘，越来越近了。

在沙漠里骑一次骆驼是来摩洛哥必做的事，听上去既浪漫又赏心悦目，但如果是不习惯骑马的人，坐在骆驼上面不多久，腿一定就会麻。有位队友不到一小时就只能下来步行，骑骆驼真是消受不了的福。我看到了沙丘下有好几个帐篷，柏柏尔人手一指，说那就是我们晚上的营地。我简直不能相信自己的眼睛，我们的帐篷竟然就在沙丘脚下！一路上到处都有营地，让我们刻意去挑都挑不出哪一家更好，偏偏这位置最好的一家，得来全不费功夫。

我们拎着滑雪板爬到了沙丘的顶端，虽然只有150米高，但从下面看上去可是高耸巍峨，爬上去也有点喘。到了丘顶，俯瞰脚下，金色的波浪像海浪一般涌向四面八方，地平线的尽头处就是阿尔及利亚。午饭时闲聊，和一位滑沙的同好切磋一番心得。他说的是字正腔圆的中文。而后又聊起工作，他说他在摩洛哥首都的挪威大使馆上班。原来他就是老板说的付了我们两倍价钱的挪威朋友，汉语还是在上海学的呢。时空交错，世界真小。他问我们在沙漠里待几天，我们说明天就要离开，"可是明天的车票都没买到呢，早上车站居然不开门，真是让人着急"。他哈哈大笑："不着急，不着急，当地人全都是这样，在摩洛哥不要赶时间！你们中国人不是喜欢说'船到桥头自会直'吗？到了明天就解决啦。"

当地人实在无法理解我们，既然是游玩，为什么还如此心急火燎？我们自己也搞不懂，为什么总是过不成慢生活。路上遇到的外国游客，大都嘻嘻哈哈，脸上没有心事。而中国"驴友"聚在一起，经常聊着聊着就说起各种自己担心的事情。不少中国人，不管有钱没钱，不管生活在哪里，都容易焦虑。

四五点钟，大家全都爬到沙丘顶上等待日落。黄昏时各种让人眼花缭乱的光影，温柔了时光，惊艳了岁月。远远看到有几队驼队，缓缓地在起伏的小沙丘中行进。幸运的人们，终于赶上了冬日撒哈拉的日落。驼队沐浴在夕阳温热的余晖中，每个人都在闪闪发亮，身上的光线仿佛是从天堂里流泻下来的。时间在此时凝固。我们飞过半个地球，千辛万苦地赶到这里，就是为了抓住这永恒的刹那。一个不快乐的人，纵使前一夜有过再多的烦恼焦虑、愁眉不展，亲临这一幕，一切也都释然了吧。

晚上大伙一起热热闹闹围坐在一起吃丰盛的晚餐——传统的塔吉锅大餐，鸡肉、土豆、青豆和胡萝卜炖得热气腾腾，很好吃。餐后水果是橙子，果然是早上在车站边上买的。如果当时水果摊和车站一样没开门，我们是不是就没水果吃了呢？柏柏尔人办事情，真让大家"放心"……晚上，夜空里的星星多得数不过来。向导点起篝火，大家围坐一圈，敲起摩洛哥鼓唱起歌，不懂唱词但都很开心。向导们语言天赋显露无遗，和各国游客说五六种欧洲语言。后来我们逐渐"听懂"了，大概就是在唱：啊，得过且过，得过且过，

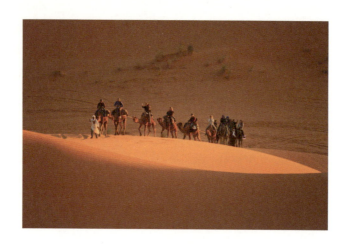

↑

撒哈拉日落

↓

别为明天担忧。不信你就跟着哼哼。

一夜无风，美美地睡了一觉。清晨驼队又回到了酒店。早餐很丰盛，我们却无法安心吃饭，到处找老板。回马拉喀什的车都快要走了，车位还悬而未决，怎叫人不心急如焚？终于在一个角落里发现了老板。看上去老板说话并不作数，啥都没帮我们做，居然还慢悠悠说"别担心，放轻松"。终于等大家都上车了，居然有几个游客突然决定多待一天，这样就有车位空出来了！老板微微一笑："看吧，叫你们不用担心的。"这是多么神奇的地方啊。

谁说沙漠里的人不靠谱？这位永远慢条斯理的好老板，好像没有什么可让他着急的，也没什么他解决不了的。难怪挪威外交官说，当地人就是如此，让他们办个事，通常是"不急，慢慢来，先喝一杯茶"。沙漠里应该是没有焦虑症的，急有什么用，反正还有明天嘛。到了明天，一定就能解决啦。

阿拉斯加燃烧的苔原和四个搭车客

虽然常年四处游荡，旅途中我们并不热衷于搭识其他游客。也许是习惯于谨慎，很多年来我们出行大都遵循一个简单的防身之道，就是不和陌生人说话。只需做到这一点，就可避免旅途中绝大多数的麻烦和危险。而有一年秋天在阿拉斯加这"最后的边疆"，天地广阔，无边无涯，有时开车数小时也见不着几个人影，苔原又实在太美，渐渐便失去了戒心。后来在孤寂的马路边上，看到招手期盼的背包客，便欣然让他们上车。

这样的搭车客在美国叫作"Hitchhiker"，意思是搭顺风车的旅行者。在美国大部分地方，搭车和被搭车都是不靠谱的事情，你永远不知道上来的是什么人，而上陌生人的车更是危机四伏。如果是在墨西哥，搭顺风车恐怕会带来致命的后果。但是在地广人稀、极为安全的阿拉斯加，搭车变得轻松愉快。当地人自己就喜欢搭车，对于省钱旅行的背包客来说，这里更是"天堂"了。

我们遇到的第一个搭车客是一德国青年，背了个大包，本科还没毕业，此番是首次离家远游，准备背包旅行整个暑假。我们遇到他时，他在阿拉斯加的行程已接近尾声。接下来他要一路往东，横穿到加拿大育空省，最后从育空省飞回德国。我们以前没怎么和真正的搭车客打过交道，自然是少见多怪，问东问西。"像你这样等在路边，一般多久有车会停下来载你呢？""最多一次也就等了一个小时吧，一般十几分钟就会有人停下来。"看来阿拉斯加确实民风淳朴。想想我们辛辛苦苦开到北极圈，已是漆黑午夜伸手不见五指，还得"孜孜不倦"地往回赶。而人家轻轻松松地坐上十八轮货车，悠闲谈笑间就穿越布鲁克斯山脉，直达死马镇和北冰洋。我们羡慕不已，恨不能自己也敞开胸怀，潇洒搭车。

搭车客省吃俭用但时间充裕，每个地方想去就去，想留就留，喜欢某处还可以来回走走。比如我们从安克雷奇赶往瓦尔迪兹走的1号公路，他不久前刚刚走过全程，这两天故地重游，非常惊讶于这短短俩礼拜，沿途风光竟会沧桑巨变。之前一路青山绿水，蓝天白云，还是盛夏景致，如今苔原绚烂，黄叶纷飞，时而细雨蒙蒙，山间满是烟云。话说阿拉斯加最迷人的季节正是初秋，每年8月底、9月初，无边无际的苔原变成炫目的红色，人称"燃烧的苔原"。此时哈丁冰原步道上一边是冰川一边是野花，费尔班克斯的郊外有极光飞舞，荷马镇的大马哈鱼正在一条条上钩，一切都是如此美丽和美味。

虽然已是初秋，路边还是随处可见一串串粉红色的火焰草，这似乎是阿拉斯加的标志性野花。常常看见当地画报、明信片里的雪山湖泊，前景就是一片漂亮的火焰草。德国青年告诉我们，它们还可以食用。后来我们采了朵

↑ 沿途风光
↓ 费尔班克的极光

尝了尝，口感清淡，不觉甘甜，不过认识一些"秀色可餐"的花花草草也不赖。也是，也许哪天困在荒野还能靠它果腹救命呢。临近告别时他告诉我们，他是德国和日本的混血儿，还在一张地图上把名字写给我们看，三个方块字居然写得有板有眼。可惜后来找不到这张地图了，我们也忘了他的日本名字。

第二个搭车客倒不是在路边"捡"的，居然还是经人引荐的。我们在马塔努斯卡冰川攀完冰，教练问我们能不能带他去附近一个重镇买菜。他们平时住在一个大帐篷里，没有自己的车，出入都要搭车。做他们这种季节性工作的，就像候鸟一样，秋去春来。9月已经是攀冰季的尾声，好多人将赶往下一站。他和另一个给我们打保护的美女，都将奔赴美国湾区去当皮划艇向导。

就这样满世界乱转，做的都是有乐趣的工作，他们这样的生活在我们看来已经够新鲜了；而更有趣的是，他还曾经在"世界上最快乐的国家"南太平洋小岛国瓦努阿图生活过两年。据他描述，小岛上的生活是这个样子的：无电，无自来水，住在茅草屋中，每天花两小时摘摘水果，拿个鱼枪抓个鱼，一日三餐便搞定。无须工作，自然没有压力，也没有人际是非，自由自在，与世无争。几年后我们还真的去了瓦努阿图，自己亲眼所见的，和道听途说来的，也并无太大差别。当地人民感到快乐，是因为他们很容易就心满意足。回想起攀冰教练的描述，不禁莞尔。

我们看着形形色色的搭车客，时常寻思都是什么样的人才有这么多的时间、精力、财力，能支撑他们一年一年地在路上走呢？在去迪纳利国家公园的路上，第三个搭车客提供了一个答案。他是一个瑞典厨师，但是经常跑去挪威工作。他说挪威的高收入，可以让他半年上班，半年游玩。这样的逍遥日子，已经持续了七年。当然因为有时很久不工作，开销就得很节省，每天都是露营，营地也得找便宜的，能免费在别人家的院子里搭帐篷是最好的。他说像他这样生活，最重要的是不能有负担，意思是不能有房子、家庭之类的"麻烦"。一人吃饱，全家不饿的生活，总还是相对容易的，况且他还是个素食主义者，比起"食肉动物"确实能省下不少"银子"。他说他所有的财产就是一台相机，不知道是不是玩笑话，但我们猜他和瓦奴阿图的国民一样，快乐并非来自物质。

"老外"和很多中国人最大的区别，就是他们随性自我，听从自己的内心，不介意别人的看法。他们喜欢说，人生苦短，想做什么就做吧。喜欢旅行，就付诸努力去实现，不必拘泥于形式。在安全的地方当搭车客也好，在好玩的地方当向导也好，在非洲、南美洲做志愿者也好，只要最后能达成自己的心愿就是成功。最重要的，是想清楚自己到底想要什么，愿意为之放弃什么，因为人永远不可能什么都拥有。

我们从迪纳利国家公园看完大棕熊，"顺走"了第四个搭车客。他是一个下国际象棋的职业棋手，到迪纳利国家公园开大巴攒比赛费用。迪纳利国家公园的旅游旺季是夏天，而初秋才是一年里最美的时节，灌木变得五彩斑斓，满山遍野是"燃烧的苔原"，蓝莓也成熟了。海拔6194米的北美第一峰迪纳利峰是阿拉斯加的象征，经常藏身云雾之中，幸运者才能得偿所愿一睹真容。

现在旅游季节行将结束，他准备专心下阵子棋，认真比赛。我们向他求证是否在阿拉斯加工作一个夏天赚的钱足够一年的开销，他证实了这并不

→ 猫姐姐在攀冰

↓ 阿拉斯加野生棕熊

↓ 阿拉斯加迪纳利峰

只是个传说。真的是这样，尤其是拿小费的观光大巴司机，比开普通大巴收入好得多。不少人就是干一个夏天，然后周游世界九个月。他目前主要是在美国游走，先把本国玩个遍再说。他很擅长挖掘一切亲友资源，在分散在美国四处的每一家都住上一年半载。走马观花，是无法领略一个城市的真正风情的。

我们在3号公路上驶过一片又一片的黄叶林，赞叹连连。他却不以为然，说阿拉斯加秋天的苔原确实漂亮，但树林太过单调，北卡罗来纳明媚的彩林才谈得上美丽。我们又问他到目前为止觉得什么地方最特别，他认真想了想，说是新墨西哥州的陶斯普韦布洛（大家习惯叫它"陶斯"）。他说有年冬天住在那里，感觉那个小城有种特殊的气场，能够唤醒人的身心。他还认识个多年单身生活的光棍汉，在陶斯待了没几天便坠入了爱河。看来每个人的心中，都有一个神奇的所在。

我们快到营地时便和他"分道扬镳"了。他将等待下一辆停下来的车，前往安克雷奇。营地在一片松林里，低处的灌木五彩斑斓，落叶缤纷，空气潮湿而清新。阿拉斯加的秋色是我们见过最独特的，而这么漂亮的营地，竟然空无一人。这时已经暮色苍茫，雨下得大了起来，我们在雨中搭帐篷，有点为他担心。也许要在雨里站很久才能搭上车，但也许他本人并不在意。

几年以后我们又在秋天重返阿拉斯加，苔原按时"燃烧"，黄叶灿烂依旧，我们的心情也再度放飞。路上还是时常看见背包客在等候，只是车上多了小伙伴，就没法再捎上他们。想起那些曾经坐过我们车的人，他们的容貌早就模糊，但他们给人的感觉却是一致的。我们想，过着自己的理想生活的人，脸上都带着相似的平和与满足吧。无拘无束，生活真味。

世外桃源
萨摩亚：后空翻跳进那片仙境洞天

　　那是怎样的一潭碧水啊，孕育于天地造化之间。站在潭水边，只有无比的欣喜和赞叹。并不是要刻意吟风颂月，言语也不足以描述这仙境般的所在。如果柳宗元、朱自清和我们一样站在潭边，或许会懊悔当初太早用完了那么许多词汇赞美那些寻常湖水。如今惊艳到无法用语言来形容，只因为我们站在了苏阿海沟畔。

　　不论你是否是旅行的"骨灰级"爱好者，你必定在各种朋友转发的照片里看过一些绝美的风景，其中必然有些会特别打动你。然后当你再次看到这些图片时，会想，这不是以前看到过的吗?

　　小时候看旅游摄影杂志，看到过这样一池碧潭，就不禁感叹，天地间居然能有这样的所在。然而，彼时并没有自己也要亲眼去看看的念头，因为眼界或经历的缺乏，会限制自己的想象力、勇气和自信，而且当时也完全不知道那究竟在地球的哪个角落。

　　所幸如今是个互联网的年代，就如同你可以通过网络在千里之外分享我的所见所闻。我们也是在网络上又一次见到苏阿海沟的图片，终于可以按图索骥，辗转查出名字，进而查到它居然位于南太平洋萨摩亚群岛的主岛乌波卢岛。如今全球便利的交通使得地球上任何的角落都不再那么遥远，南太平洋诸岛国早已成为中国人常去的目的地。于是我们多方做功课、订机票和行程、请假、登机，将各种问题一一解决，从而使萨摩亚成为我们南太平洋行迹中的特殊一站。

　　当飞机降落在萨摩亚，炎热湿润的空气扑面而来，阳光无比强烈，这里是典型的热带气候。好在偶尔有些清凉的海风，毕竟是岛国，气候还是颇为惬意。我曾经想，究竟要怎样的地方才能孕育出苏阿海沟这样的洞天福地，一落地便明白了，这里一切草木看着都生机勃勃，颜色也格外奔放。似乎很多热带地区都这样，但萨摩亚的色彩尤其热烈。

　　当地的公交车特别体现了什么叫作鲜艳。车辆是用卡车改造的，显然是家庭式作坊的手工改造产物，车棚和座位都是木匠打的，手艺倒还不错，玻璃窗还能升起放下，地毯被用作内饰。音响显然质量糟糕，放的都是超"嗨"的电子音乐，也无所谓音质。《江南Style》是当地的常播曲目。乘坐当地公交车倒是很能体验当地人的生活——村民从城市里采购各种生活用品、柴米油盐，又或者要到城里卖些自产的水果海鲜，都靠其运输，难免上下车有些鸡飞狗跳，所以英语里将这种公交车称为"Chicken Bus"。

　　车上一般有个售票员，不仅负责卖票，还要管装卸货物，前后忙个不停。有时候有人自己不坐车，只花点钱托售票员带货。于是这一站他得收几串芭蕉，那一站车在某村民家门口把从城里购买的东西扔在草地上，吆喝一声就有人从家里走出来取。甚至还能代缴电费，服务太周全了。

但是也并非一切都是美好的，我们发现这里如果乘客太多，不像在中国是挤成"纸片"，萨摩亚人的习俗是坐在其他乘客大腿上，真是见所未见！别做梦有什么美女坐你大腿，一般都是大叔坐在大伯大腿上，当地人倒也习以为常。但这么热的天，真的不怕大腿捂出痱子吗？

萨摩亚中心城市里都是西式的房屋，到了郊外，则大多是传统特色茅屋，通常是没有围墙的茅屋大厅。在热带地区，这样的亭式屋子相对凉爽、干燥。过去岛民除了日常用品，也没有什么贵重物品，因此也不需要围墙。不过现在很多家庭也有各种家电和其他值钱的物件，因此不少人将大厅里的一部分改造成封闭的房间。

我们在岛屿东岸公交车可到的海边尽头选了一家传统的茅屋度假村。茅屋就在海滩上，海滩很干净，只三两个游人或当地人悠闲休憩，微风吹拂椰树林。萨摩亚并不是热门的旅游地，除我们以外，只有少数澳洲游客、个别欧洲背包客，仅此而已。度假村和沙滩上有喵星人和汪星人出没，和我们一起看海看月亮。到了晚上还有只小黑狗卡曼因为下雨挤到我们床上来睡，真是自来熟。也只好由它去，大家一起挤挤。

萨摩亚曾经是潜水天堂，有美丽的珊瑚礁，但因为 2009 年海啸的原因，珊瑚礁都毁于一旦。我们潜下海看了，虽然海水依然湛蓝透澈，但海底却铺满了死亡的珊瑚碎片，因此如今潜水没什么可看的。但也有幸存的珊瑚以及

↑ 萨摩亚公交车

↓ 海边茅屋

新生的小珊瑚，特有的蓝色海星也依然幸存。或许不久的将来，这里又可以恢复生机，到那时人们又能潜水看美丽的海底世界了。

萨摩亚有种当地美食叫作UMU，是一种复杂的土灶大餐，通常是节日大餐。做法是在地上挖一个大坑，把火烧旺了，把很多石头放里面烧热。等石头热了，把火灭掉，上面铺上树枝。把食物，比如整猪、芋头等放在上面，盖上树叶，再把土盖上去将食物焖熟，类似叫花鸡的做法。由于时间不凑巧，我们错过了UMU大餐，不过接触了其他萨摩亚美食，比如用番茄、椰奶、柠檬汁生拌的金枪鱼，比寻常的鱼多了一层热带的感觉，让人印象深刻。还有面包果，其植株在南太平洋很常见，高大的树木挂着巨大的果实。此前一直没有机会品尝它到底是什么滋味，在萨摩亚终于尝到了。原来料理时削皮、切块、煮熟就可以了，味道口感介于栗子和红薯之间，气味非常香甜。自此我们也学会了这招，在热带经常自己煮面包果吃。

来萨摩亚的目的当然还是看苏阿海沟。那日清晨我们请度假村帮忙叫了一辆出租车，前往苏阿海沟探寻我们梦寐以求的天堂。显然这样的天堂肯定不能允许车辆直接到门口，还是需要走一小段路，将俗世的尘嚣隔绝在外。天气也格外帮忙，云开雾散，阳光明媚，天空湛蓝，空气中还有些湿润，微风中带着海的气息，连同周遭的花草被前一晚的雨洗涤清爽，万象更新。绿叶舒展开来，每一枚嫩芽、每一个叶片都大口呼吸着，还带着露珠；而红花又或者其他红的黄的热带植物也都竞相开放，把自己所有的活力都全力展示出来。这一切好像过于完美，莫非是特意为"天堂"的展示而安排的？

有许多杂志或者网站将苏阿海沟排为全球几大绝美天然泳池之一，或者人生必去的几个绝美地方之一，如此不能尽数。排名其实受主观因素影响太大，只能参考，但如果有什么地方在所有排名中都必定出现，那只能因为它的确值得。

苏阿海沟显然就是这样不能错过的地方。越走越近，也让我们多少有些紧张。如果它没有那么完美呢？如果它让我们失望呢？如果这么远来了，却——想着想着，前面就有一片悬崖出现，似乎是一个深渊，就在海边。我知道那就是了。

苏阿海沟就那样豁然铺开在我们眼前，那是怎样精美绝伦的一潭碧水啊！

真的就如同想象中的天堂。我们曾将从无数杂志、网站照片中看到的它，进行想象、"脑补"、汇总，再加上许多美好的臆测，然而所见到的真实景象比这一切都还要惊艳。

那水，在深渊中轻微荡漾，好比绿松石却有丝绸般质感；透澈，可一眼望见湖底。深潭被一圈几近完美的圆形湖岸包裹。悬崖有几十尺高，密密的树木、绿萝长满了崖壁，藤蔓一直垂挂到水面，被风轻轻地吹拂。崖壁点缀着许多各色的野花，好像一个花环装饰着这深潭。然后有一架梯子就直直地插入水面，那无疑是人间进到"天堂"的阶梯。

这深潭必定是上天的园林杰作，它太过于完美，以至于我们站在那里呆看了许久都没够，既没有拍照，也没有下到水边去，只是贪婪地饱览这美景，将这"天堂"的每一分印入脑海。由于我们来得早，潭中还没有一个游客，因此机会难得，可以独享这片洞天。自然我们也不能只是远观，而不亲身进入这仙境体验一番。潭左侧树林里有步道，曲折几转后就到直通湖面的木梯。梯子很陡，几乎是垂直的，而且很高，摔下去可不好玩。小心抓住两边扶手，慢慢下楼梯，感受到丝丝清凉，就到了水面。

这透明澄澈的水，如果不下去畅游一番，简直对不起自己千里迢迢来一次。肥猫来时就换好了沙滩裤，把上衣一扒，一个后空翻扎入水中。让自己在仙境里撒点野吧。

水并不冷，可以说水温很舒服。潭水中央有快怪石，珊瑚附其上生长，许多热带鱼出入其间。仰面看周遭的环境：环形的潭壁将天空圈成了一个圆，所谓坐井观天就是这样的吧。这显然是绝好的深潭，崖壁上长满绿植，爬藤若丝绦般垂挂下来。潭水南侧有水下暗道，让这里直通大海，因此潭水是咸水。记得《西游记》中说水帘洞有个海眼，直通东海龙宫，想必也是这样的。游近能听到暗道另一头海水拍击海岸的澎湃声，有当地潜水的好手可以一口气游过暗道，到达大海。我们或许也可以做到，但是当地人熟悉暗道走向，我们则不知道，如果半路被困在水底就不好玩了，因此只潜下去感受一番便折回了。

我们贪婪地欣赏这片"神仙自留地"，用耳聆听，用心体会。苏阿海沟依然静寂，这仙境仅我们独享。此时此刻，此情此景，猫复何求。

↑ 独享苏阿海沟

← 后空翻跳进那片仙境洞天

哪有　没钱没时间　这回事

自驾冰岛：三千里路冰与火

如果你有钱，请来冰岛旅行。如果你没钱，也请来冰岛旅行。

冰岛有鬼斧神工般的自然风光，去过的人无不赞不绝口。冰岛是世界上物价指数最高的国家之一，相信大家一定也有所耳闻。去过那里旅行的朋友，大都抱怨食宿价格之高。冰岛是昂贵的，然而，它又是大气的，冰岛的自然景点几乎全都免费。世上还有哪个国家的著名景点会不收门票？只要你准备充分，不需要有太多开销，就可以尽情享受冰岛的美景，甚至比去大多数欧洲国家旅行更便宜。

除了首都雷克雅未克和北部城市阿克雷里，冰岛大部分地区人烟稀少。很多绝美的景点在荒野之地。除了有公路相通，没有很多服务设施，景点离最近的酒店可能车程还挺远，荒郊野外也经常找不到什么餐馆。因此在冰岛，最方便也最经济的旅行方式，就是自驾、露营、自己做饭。如果你会手动驾

哪有　没钱没时间　这回事

驶，那么租车的价钱会便宜很多。从超市买菜，自己煮，饮食开销并不大。冰岛环境清幽，治安极佳，到处都能找到营地。而且它是世界上少数在全国范围内，可以自由露营的国家。即使不是专门的营地，只要你想扎营的地方不是私人领地，并且把垃圾带走不留下痕迹，就可以在那里免费露营。只要有一辆车，带上帐篷和睡袋，你就拥有了整个冰岛。

　　从机场提车后我们直奔"黄金圈"。由于我们选择了逆时针环岛，"黄金圈"是我们的第一站。它是第一次去冰岛旅游的必游线路，包含了三个著名景点：盖锡尔间歇泉、黄金瀑布、议会旧址。它们分布在一条环形的公路上，故被称为"黄金圈"。间歇泉附近有家酒店也提供营地，营地设施很不错，我们就扎营煮面，准备早点休息，第二天一早看间歇泉。

← 冰岛众神瀑布

虽然靠近北极圈，冰岛却拥有两百多座火山，地热温泉很常见，所以被称为"冰与火之岛"，而间歇泉是冰岛火山地貌的一大特色。盖锡尔间歇泉诞生于1294年，一场大地震孕育了它。"盖锡尔"（Geyser）一词后来被纳入英文，特指"间歇泉"。它的特色在于每次酝酿喷发的瞬间会鼓起一个巨大的水泡，如同一块晶莹剔透的蓝宝石，然后水柱冲天而起。我们在别处也见过间歇泉，但从未目睹这样的奇观。在清晨阳光的照耀下，这一幕景象令人惊叹不已。

冰岛的天气瞬息万变，当我们看完黄金瀑布时还是阳光灿烂，喝完特色羊汤时天色变阴，等到达议会旧址所在的辛格韦德利国家公园时，走几步又下起雨了，天边架起一道彩虹。辛格韦德利国家公园的背后高地，是历史上冰岛议会所在地，这是世界最早的议会。这里最独特的地方，在于公园中的地堑是亚欧板块和美洲板块的交界之处。游客站在地堑之上，就算是一脚踩着欧洲，一脚踩着美洲。

我们来到这个地堑的最重要目的，是要寻找亚欧板块和美洲板块在水底裂开之处，我们将下水去探访。在辛格韦德利国家公园最棒的体验就是在两大地壳板块间的史费拉河浮潜。大多数人都是参加旅行团，由向导带下水，但价格不菲。而我们事先做好了功课，定位了下水点，自带装备，那就是全免费的。此处水温常年2摄氏度，如冰水，穿上12毫米的超厚潜水湿衣，还是哆哆嗦嗦。一下到河里就震惊了，此处如同被鬼斧劈开一般，整齐地裂开一道缝。河水没有一丝杂质，可以一直看到深渊深处。一边是亚欧板块，一边是美洲板块，人就在两者之间的深渊中，可以一口气深潜下去，好像能直抵地心深处一般。两大板块都可以伸手触及，两边距离不过十来尺，就在我们的面前。这就是我们地球大陆板块的横切面呀！河水冰凉刺骨，却令人

独一无二的盖锡尔间歇泉，在喷发的刹那形成一个巨大水泡　↑

两大板块间的史费拉河　↓

哪有　没钱没时间　这回事

路上的风景

无法抗拒。

冰岛的乡村风光如诗如画，空气中常带着青草和泥土气息，很多小镇恬静秀美。在景点与景点之间，路旁的风景好像流动的油画。我们路过山脚下的许多红顶村舍，门前有小马在吃草，而房子的背后，竟是山上流下的一道道瀑布。这，难道不是神仙住家？把车停在路边，随手一拍就是一张明信片。开车累了饿了，就找个环境宜人的休息区，从车里拿出锅碗瓢盆煮东西吃。我们在冰岛最喜欢煎羊排。这里的羊肉味道特别好，口感鲜嫩没有膻味，撒上一些盐和辣椒粉，再冲一杯奶茶，就可以就着风景吃起来了。

如果你偏爱瀑布，那么你来对了地方。冰岛是个瀑布之国，到处都有大大小小的瀑布，而其中最受欢迎的或许是塞里雅兰瀑布，也被称为水帘洞瀑布。瀑布落差很大，水量很足。而关键在于，其后山壁内陷形成一个石窟，人可以走到瀑布的背后，从石窟中向外望去。石窟口如同一个巨大的眼眶，当中一挂瀑布奔流而下，声如轰雷，在石窟中回响，气势惊人。阳光灿烂的时候会有一道彩虹划过飞瀑，而夕阳西斜，瀑布会变成一片金光，掩映在天边的火烧云下。

↖ 斯科加瀑布前的营地
↙ 塞里雅兰瀑布

著名的斯科加瀑布离得也不远，位于一个人口只有 25 人的小镇。它的落差达 60 米，是冰岛流量最大的瀑布之一。我们爬到瀑布顶上，瀑布声如龙吟，雾气磅礴。往山下眺望，不远处就是大海。这里在晴天经常能看到彩虹，而且还是双层，因此也叫彩虹瀑布。传说最早的维京开拓者藏了个宝箱在瀑布后面，后来当地人找到了箱子，可只来得及抓住箱子的环。箱子呢？掉入水中了。这个环现在藏于当地博物馆。瀑布边的草地上有个视野极佳的营地，很多人已经扎好了帐篷。我们赶紧也找了一个避风的角落，风景这边独好。

露营最大的好处，在于自由自在，可以在没有酒店的地方，与最美的风景亲密接触。冰岛最著名的景点是冰河湖，也是我们最喜欢的地方。如果你在冰岛只能看一个景点，那么，请你去冰河湖看一眼吧。这是由瓦特纳冰原消融产生的湖，仅仅隔数百米就是大海。冰河湖里积满了从冰川上断裂下来的冰山和大块浮冰。偶尔浮冰会断开，甚至整个翻覆，发出巨大的轰鸣声。冰河湖通过一个狭窄的河道流入大海，周边黑沙滩上搁浅了许多冰块，都是千年形成的冰川蓝冰，仿佛许多巨大的宝石遗落在海滩上。这里的景色如此独特，甚至有两部"007"电影、一部"蝙蝠侠"电影和许多其他电影在这里取外景。

夕阳西斜，冰河湖被笼罩在温柔的暮色里。日出日落，是摄影师最爱的"魔法时刻"。这么美的地方，却没有小船出租。于是我们取出了随车携带的小划子——一个轻巧的皮划艇，向冰河湖中央划去。我们在很多地方看过冰川，但从没有哪个与公路只隔咫尺。我们也在其他地方划船看冰山，但是到达不易、代价昂贵，而如此美丽的冰河湖，一切全都是免费的。白天来的游客大都已经离开，周围没有人声喧闹，只有鸭子结伴游过、海狮在水里翻腾。划着小划子无拘无束地在蓝冰间穿行，看着夕阳渐渐西沉，心已融化在这"冰与火之岛"。要有多幸运，才能独享这样的美景？这也许是007或者蝙蝠侠才会有的体验吧。

当晚我们就扎营在冰河湖畔。入夜的冰河湖静寂无声，偶尔有浮冰发出碰撞声，整个湖区空无一人。夜色更深了些，小划子也已经在帐篷边睡下。我们正准备睡觉，突然发现湖对岸的天空似乎有些许变化，我们的心情开始有些激动。好像有些神奇的光线洒向夜空，缥缈，奇幻，仿佛在流动。是极光！当天的极光指数只有2，又是个阴天，我们本以为不会有极光，然而老天还是给了我们惊喜。我们坐在帐篷里，静静地看着湖面上的极光在跳舞，绿幽幽的光束倒映在湖中。一生能有几次机会，在这样的景致中入梦？

冰岛的行程还有很长，留待今后再叙。我们有摄影家朋友去过数次冰岛，依然意犹未尽。不论你有钱还是没钱，冰岛都会带给你无法忘却的回忆。世间很多美好的东西都是免费的，阳光、清新的空气、淡淡的花香，还有冰岛磅礴大气的美景奇观——看不尽的瀑布、彩虹、火山、冰川、大海、星空、极光……

↑ 泛舟冰湖

↓ 冰河湖

哪有　没钱没时间　这回事

露营在极光下 ↑

Part - 5   这个世界如此美好 「行摄篇」

在洪都拉斯跳岛潜水一周，纯属意外。本来抢到了便宜机票，想在洪都拉斯内陆转一圈，没想到那里几乎谈不上有方便的交通。别看国家不大，大巴的速度却是慢得出奇。我们又发现洪都拉斯是全世界潜水最便宜的地方，惊喜之余马上就决定，与其把一半时间浪费在疲于奔命上，不如就在珊瑚礁小岛组成的海湾群岛安心潜水吧。

一天之内辗转三班飞机、一班渡轮，到达海湾群岛第一个小岛乌提拉时已近黄昏，一道彩虹在水上迎接我们。听说这里民风淳朴、物价低廉，是背包客的天堂。出了码头，还没辨明方向，便有一群小丫头蜂拥而上，要拉我们去她们的潜水店。我们接过她们手里的小册子翻了翻，其中一家本来就在我们拟好的名单上，得来全不费功夫。天快黑了，心想就跟着她走吧。乌提拉很小，码头这里是个丁字路口，所有的店铺都在左转或者右转后走路20分钟可到的地方。

这家店名字叫"埃尔顿潜水店"，网上风评颇佳。乍一看，店面亮堂，人热情，还有房间可以免费住，确实没觉出有什么不好。到处转了一圈后，更是有惊人发现，这里居然还住着一只黄咪，怎能不让人大喜过望呢？猫咪的名字叫尼可，大概每天潜完水，就在店门口坐镇，很有"气场"。

我们对店主说，为什么不在网站上贴上猫的照片？肯定会吸引很多"猫奴"潜水员呢。他听后煞有介事地点点头，似有所悟。一个工作人员的五岁女儿娜娜在店里玩耍。她的个头比猫大不了多少，看我们喜欢猫，便一本正经教授我们很多玩猫之道。岛上的欧美人实在太多了，所有的潜水店都由外国人把持着，岛民不会说英语的大概很少吧。连小女孩也不例外，一口流利的英文可是没口音的。娜娜活泼可爱，人小鬼大。我们一路上碰到的人，只

← 海湾群岛一隅

有她一下子猜出我们是中国人，虽然这是她第一次见到中国人。大人们都会猜我们来自日本、韩国、菲律宾，甚至还有猜越南的，就是想不到中国，这样真的好吗？

我们很快便发现自己纯属少见多怪，其实几乎每家潜水店里，都埋伏着一两只猫。几步路开外的乌提拉潜水中心，据说是全世界一年出产潜水证数量最多的店，源源不断向全球输送潜水大师。每天晚上路过，都能看到在昏暗的灯光下，潜水学子们在刻苦学习。有一只胖乎乎的大白咪，就在这家店每天"大隐隐于睡"。它大概早就被人"蹂躏"得麻木了，我们摸摸它的爪子，它连眼皮都懒得抬一下，继续睡得不省"猫事"。

我们找的第二家潜水店叫"摩根船长潜水店"，这是唯一一家不在乌提拉主岛，而在周边小岛上的潜水店。小岛的名字叫珍珠岛，人口一共只有300人，倒有7个教堂。这里乡土风情浓郁，而非度假胜地，游客穿泳衣乱走是对居民的冒犯。我们住在岛上唯一的旅馆内，面朝大海，网速飞快，只要14美元一晚。第二只潜水猫，就在这里闪亮登场了。

这也是一只黄咪，名字就叫潜水猫。游客们来来往往，它安之若素，悠闲地在无敌海景沙滩上晒肚皮。我们做饭的时候，它大大方方地跳上饭桌，马上骗取了我们的好感。可是它在岛上待不了多久了。当初旅馆的老板不晓得是嫌它什么，可能是因为小岛这么小，潜水猫总会来转悠，于是老板企图把它杀掉。旅馆里的经理姐姐，看到猫咪遇险，马上挺身搭救。经理姐姐以前来考潜水证，结果拿了证便走不动路了，在岛上待了好久。再过阵子她就要回家了，潜水猫也就要跟着"移民"到美国啦。这真是史上最幸运的猫咪。

埃尔顿潜水店 ↗
珍珠岛上的猫 →

西岸潜水店 ↑

　　三天后我们到了海湾群岛的另一个大岛罗阿坦。这里比乌提拉繁华热闹多了，而且很明显，这个岛上的猫咪们高调多了，数量也更多。码头正对着的潜水店叫"椰树潜水店"，无论什么时候过去，都会看到两只猫咪睡觉、吃饭、散步、爬树。它俩有时还抱作一团，舔来舔去，相亲相爱。

　　好几家潜水店都养着一只黑白猫咪。这些猫长得很像，我们怀疑是一窝生的，然后流窜到各家潜水店，招徕生意。"海洋联系潜水店"恐怕是最有爱心的，他家的猫咪不太喜欢走动，看上去温柔乖巧，可仔细一看，其实一只眼睛是失明的。它大多时候都在店门口修身养性，仿佛是镇店之宝。

我们穿过店堂，一个客人正在上网，他电脑边黑咕隆咚的一团，正是一只大黑猫，名字叫作"星期五"。我对店主脱口而出："你们这里猫咪真多啊。"他也脱口而出："是啊是啊，潜水就送猫。"这个店主也就是随口一说，真正"令人发指"的是"西岸潜水店"的店主，那才是赤裸裸地利用猫咪。他家店门口的标牌上堂而皇之写着："潜水可以免费玩猫！"啊！居然有这种事情？我们简直不敢相信自己的眼睛。不过我们没有跟着他们潜水，还是免费抱了猫。

我们打交道的最后一家潜水店叫作"本地阳光潜水店"。在这里，我们只是住宿，不能潜水，因为第二天天没亮我们就要赶飞机回家啦。这一家很有热带雨林气息，色彩浓郁，有点夏威夷大岛希罗那一带的感觉，花草的种类都差不多，我们一走进院子就很喜欢。当看到厨房门口趴着一只三花猫时，不用考虑就决定住下了。去办公室付钱的时候，看到它的照片就贴在潜水地图边上呢，它的名字叫作"汤勺"。

最后一天很悠闲，我们在镇上乱逛，品尝当地美食海螺汤，最后花5美元买了两条鲜鱼，准备晚上和三花猫共进晚餐。拎着鱼回店里时，看到下午的潜水船也回来了。这里没有码头，所有的人都要蹚水上船，再蹚水回岸，很是有趣。以后再有机会来，我们就选这一家店潜水，白天潜水，晚上"撸猫"。

洪都拉斯远离内陆的小岛好像世外桃源，更因为有这么多"懂"潜水的猫，让旅途惊喜不断。岛上的居民有各种肤色，还有这么多的不同花色的猫，大家都快快乐乐地生活在一起，分享一个美丽的小岛。加勒比海的海底很美丽，然而我们却说不清楚，究竟是更喜欢在这里潜水，还是更喜欢这里的猫。

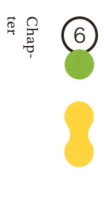

从安第斯
吃到亚马孙
『吃货』的秘鲁：

　　作为资深"吃货"，这些年在百余地按图索骥，遍尝美味，吃了各色风味馆子后，我们得出一个结论：在地球上，美食以中餐和法餐为首，秘鲁餐应该排在第三。

　　秘鲁是移民国家，来自西班牙的移民带去了西班牙的美食，他们开始用当地的食材做西班牙料理；而当地玛雅人后裔也开始接受西班牙烹调方式。中国人在 19 世纪末期甚至更早也开始进入秘鲁。秘鲁是中国人最早踏入的新大陆地点，他们把中餐引入秘鲁并使其广受欢迎。同时，意大利、西非和日本的料理方式，也通过不同的途径，融入秘鲁饮食。

　　但这些不足以产生一个新的料理体系。新移民国家有很多，比如美国，为什么秘鲁会与众不同呢？我们发现，其实一方面，南美洲人民都很擅长在学习其他体系料理的基础上创新；另一方面，正是秘鲁的气候多样性，造就了秘鲁美食的地位。秘鲁是个旅游资源特别丰富的地方，它有漫长的海岸线、资源丰富的渔场、常年积雪的高山、氧气稀薄的高原、茫茫无边的沙漠、密不透风的热带雨林，据说有28种不同的气候。因此秘鲁的物产特别丰富，不仅物种多，而且同一物种还有很多亚种可供选择，比如玉米有35种，番茄有15种，土豆品种更是数不胜数。

比如著名的秘鲁大玉米Choclo，每一粒都比门牙还大。在南美洲，玉米有成百上千种，这种大玉米不仅大而且糯。我们在国内也吃过很糯的煮玉米，后来听说个别商家的玉米是用双氧水泡过的。而秘鲁山区的有机大玉米，真是太好吃了。

南美地区许多特有的食物，比如藜麦；以及不同地区的特产，比如海岸地区的海鲜、雨林地区的鱼和水果、高山地区的作物和肉类，这些丰富的食材使厨师在选材、调整微妙的口味和口感的时候有了极大的选择余地和创作空间。因此在南美许多国家和其他新大陆国家，秘鲁的厨师有机会融会贯通世界各地的美食艺术，最后创造出自己的体系——秘鲁菜系。

通常秘鲁菜系以地区来细分。在海岸地区，秘鲁北部海岸寒流和暖流汇合，形成世界级的渔场，各种海鲜特别丰富，海鲜的料理方式也十分多样，住上一个月吃菜不带重样是没问题的。这里，我们就选几样特色菜介绍一下。

柠檬汁生鱼（Ceviche），人们都说这是秘鲁国菜。南美各国都有这道菜，但以秘鲁的最为闻名，就因为秘鲁做这一道菜，可以将各种各样的食材进行组合，让食材滋味互渗，可说是变化无穷，谁让秘鲁渔场海产最丰富最新鲜呢？柠檬汁生鱼选用的海鲜必须非常新鲜，所以没其他地方的这道菜能比过秘鲁的。做这道柠檬汁生鱼，采用的是新鲜的虾。虾一般略微烫熟，加以柠

↑ 秘鲁大玉米 Choclo

哪有　没钱没时间　这回事

檬汁、安第斯辣椒、洋葱、香菜，还有牛油果，混合在一起。果丁和虾丁不同的颜色互相衬托；不同的口感、香味也糅合在一起，让人体验全方位的美食享受。

不同于柠檬汁生鱼，丘佩（Chupe de camarones）用了完全不同的方式来料理虾。这道菜往往使用小龙虾，喜欢"麻小"的朋友可以研究下这道菜，感受一下小龙虾也可以有别样的风味。丘佩，也就是虾菜汤，配料是虾汤、土豆、牛奶和辣椒。虾汤加蔬菜、土豆、西葫芦和香料熬好几个小时，然后加牛奶、新鲜小龙虾和酒做成醇厚的浓汤。土豆、西葫芦入口即化；小龙虾需要剥壳，但那丰美的滋味足以让人吮指回味。丘佩也是极为热门的菜式，这是来自南部海岸城市阿雷基帕的料理名作。

秘鲁国菜柠檬汁生鱼　↑

有人说秘鲁是土豆国，没错，秘鲁土豆的品种之多能和中国的茶叶比。下面这款糕萨（Causa）——土豆海鲜沙拉，就只有用当地黄色土豆才能做。这菜式甚至可以用"艺术品"来形容。糕萨的搭配和造型可千变万化，吃一年都可以不重样，是让我们印象最深刻的秘鲁美食。底料通常的做法是，将黄色土豆泥与莱姆、洋葱、辣椒和油混合，再砌成块。可以加的浇头有牛油果、鸡、鱼、贝类。辅料往往有蛋白丁和橄榄。一家叫 Cesar 的馆子就是专做秘鲁名菜糕萨的。

安第斯山脉是南美海拔最高的山脉，这里居住的主要是印第安人，菜式也别具一格。比如有名的桑科恰多（Sancochado），是由牛肉、甘薯和芭蕉烩制而成；还有帕恰曼卡（Pachamanca），是埋在地下用热石头焖熟的。我们要着重介绍一个"猛"一点的菜。

右页左下图的烤乳猪怎么样？但这不是真猪，是荷兰猪。菜的名字叫辣烤荷兰猪（Picante de cuy）。"Picante"是辣的意思，"cuy"的意思是荷兰猪。养宠物的朋友请担待，这是秘鲁的传统名菜。西班牙人来之前，印第安人不养猪，他们就吃荷兰猪，而且这里的荷兰猪真的可以长到很大。通常的做法是炸到表皮酥脆，浇上调味汁。

因为丛林地区有太多独特的美食在别处吃不到，因此丛林菜成为秘鲁的一大菜系，当然其中必然包含了很多野味，比如凯门鳄，大一点的餐馆基本都有。有一些野味已经逐步被禁止出售，但仍能看到陆龟、野猪被大卸八块在市场上卖。我们很反对吃盗猎品，因此避免了这些菜式。

丛林菜最有名的一道就是海象鱼（Paiche），或者叫巨骨舌鱼，长可达6米，重可达 200 公斤。这是世界上最大的淡水鱼之一，正因为它很美味，

丘佩 ↑

糕萨 ↑

传统名菜辣烤荷兰猪 ↓

卡姆果汁和卡姆果 ↓

所以已经濒危。不过我们特意走访了海象鱼、凯门鳄养殖场，发现的确有养殖的海象鱼，因此放心下馆子点了一道。细细品味，其肉质细嫩，类似鳕鱼。配上丛林特色白色棕榈芯、烤木薯、香蕉，回味无穷。

秘鲁的水果极为丰富，故而饮料之多也让人眼花缭乱，尤其是雨林地区的各类果汁。特别值得一提的是，卡姆果汁很难保鲜，所以鲜果或现榨果汁只有在秘鲁能买到。卡姆果以前在中国知名度不高，近几年开始流行了。因为它的维生素 C 含量在水果中数一数二，因此它在美容界也很火。我们在伊基多斯贝林市场买到过鲜果，吃起来略似金橘，很酸很香，榨汁加糖后非常可口。

对于"吃货"来说，秘鲁美食最重要的是价格很便宜，比如在质朴的小馆子点一份海鲜饭，料多实在，有满满的虾蟹和贝壳，只需 5 美元左右。如果孔乙己到了秘鲁，可以很阔气地在柜台上排出九枚分币，对小二说"来碗皮斯科酒，要一碟油炸玉米"，就可以坐到店里悠悠哉哉过上半天秘鲁的悠闲生活了。

我们乘坐的邮轮 →

『世界末日』那天，
我们在南极
划小划子

哪有　没钱没时间　这回事

2012 年年底，据玛雅人的古预言，是"世界末日"。无论信与不信，人们都有些忐忑不安，有些焦虑地等待着"世界末日"的降临。我们也不例外，不管末日会不会来，这时候再不任性一把，更待何时？于是，我们去了南极。

对于大多数游人来说，乘坐邮轮是前往南极的唯一方式。而只有当南极的夏天来临冰雪消融，邮轮才能通行，通常是每年 11 月至来年 3 月。邮轮从阿根廷最南端的城市乌斯怀亚出发，穿越德雷克海峡的西风带到达南极。

去一次南极是昂贵的，然而却又是完美的。我们见到了许多种企鹅，还有海豹、杀人鲸，欣赏了利马水道的静美，体验了南大洋波浪滔天的风暴，甚至遭遇船只失去动力，在海上漂流两天。我们登陆了南极，穿着雪鞋漫步，登山，跳进冰海，在南极冰天雪地里野营。而最重要的是，我们完成了一项夙愿，就是在南极划小划子。

我们平时热爱划船，之前已经在全世界六大洲都划过了，唯独缺南极洲。因此去南极划一次小划子是必须在"世界末日"前实现的愿望。并不是所有前往南极的邮轮都有划船的选项，我们找了很久，终于发现荷兰 Oceanwide Expeditions 公司的邮轮提供各种户外活动，其中包括最重要的一项：在南极划小划子。

向往做一件事情总是会迫不及待，数着日子满心期待。然而要在南极划小划子，事先要经过很多训练，特别是接受安全方面的指导：如何团队配合将皮划艇放到海面，如何上艇下艇，如何在海上保持船队队形，遇到危险时如何自救、如何互相救援。虽然我们在冰冷海域划船许多次了，包括在北冰洋和阿拉斯加，但是每次训练都不敢掉以轻心，因为每次训练都是对技术的

↖ 冰海泛舟
← 帽带企鹅

加强、对安全的巩固。

我们的船只穿越南大洋德雷克海峡惊天动地的巨浪和风暴，终于来到南设得兰群岛，这里是南极洲的外岛。在这里的半月岛，我们终于将要实现多年的愿望，在南极泛舟，从而完成在七大洲都划过小划子的目标。划小划子的队友先搭冲锋舟离船，然后其余的队员再排队坐到皮划艇中。终于以第一视角在小划子里看到了南极，在小划子里看到了企鹅，心里真的是有些激动。冰海中，企鹅在遨游，它们在水中如此矫健，身手不凡，就好像鸟在空中翱翔一样，让人看着有些羡慕。万类霜天竞自由，就是这样的画面吧。

随后我们又去了附近的欺骗岛，这是一个火山岛，只有一个口可以进出。欺骗岛火山口内的海面风平浪静，果然是划小划子的好去处。虽然南大洋的海如此狂暴不驯，但在这里却如此安宁，海水又如此纯净，以至于让人感觉这水温润如玉。而周边山崖兀立，怪石嶙峋，有的甚至独立于水中。在这里泛舟，若不是山石上覆盖的积雪、水中漂动的浮冰，恍然间会以为身在桂林山水之间。这里有不少岬海燕，还有皇帝鸬鹚的南极亚种，只在南极半岛及附近的岛屿生活。我们和它们一起畅游，有时候可以非常接近。

向导带领我们划向沙滩。我们惊异地看到，邮轮上大部分游客已经身着泳衣，泡在海水里了。难道他们个个都是不畏严寒的勇士？原来由于火山地热，最靠近沙滩的海水是温热的，如同温泉一般。我们把小划子停在沙滩上，也迫不及待换了衣服下水试了一把，并且往海里游了游，果然不出几米，温泉变成了冰水。

太阳终于开始西沉，接下来邮轮又会驶向何方？我们不舍地回到邮轮上，开始穿越诺伊迈尔海峡。这里水道狭窄，两边冰川矗立。万年不化的冰川，逐渐从南极内陆移步到了海边。海上的浮冰多了起来，有巨大的冰山，也有即将融尽的浮冰。冰上站着的是谁？是看上去蠢蠢的但又可爱的企鹅。

在夏科港我们再次下海划小划子，这次是在冰海中。小划子一个接一个被放入海中，水面上漂着晶莹的冰块。桨叶划过海面，海水冰凉，即使隔着厚厚的防水手套也能感觉到那寒意。那感觉多年以后依然能够被清晰地回忆起。海水从桨叶上流散开去好像玉液琼浆，把小划子推向前去，偶尔撞到小块的浮冰。海上的浮冰，触手可及。碰撞着，我仿佛听到了冰与海的歌。坐在小划子里，视野特别开阔，想去哪里就去哪里，感觉"海阔凭鱼跃，天高任鸟飞"，说话间一只企鹅从船头跃出水面。这就是我们梦想多年的南极泛舟的画面呀。

陆地上的黑色山崖，山势陡峭，在冰川云雾中，气势迫人，有种"黑云压城城欲摧"的感觉。 我们放舟赏冰，观海听涛。万年的冰川，又经过千年奔流到海，成为海上的冰山。只有这样的冰会呈现出这种深沉的蓝。我们在冰川间自由穿梭，流连忘返，直到邮轮召唤我们回去。此时的南极尽管还未到极昼，但晚上11点多太阳落下后，天并不会变黑，就一直仿若黄昏。有时我们会到甲板上再看看冰山，那些千姿百态、光怪陆离的冰山，怎么都看不够。

海上的巨大冰山，边缘是冰的悬崖，而上面居然躺着海豹！这些走路都成问题的"蠢萌"的家伙到底是怎么爬上去的？难道海豹会攀冰？我们在附近的浮冰上也发现一"坨"海豹，靠近看，海豹睡得正香，有时候还挠挠痒痒。懒洋洋肥嘟嘟的海豹有点可爱。这可不是普通的海豹，是韦德尔氏海豹，

↑ 南极冰山

Part - 5　这个世界如此美好　「行摄篇」

↑ 趴在巨大冰山上的海豹

只在南极生活。韦德尔氏海豹吃小鱼、乌贼，是特别温柔、好脾气的海豹，所以也经常被虎鲸或豹海豹欺负，即便能长到成年，身上也常常是伤痕累累，它们的生活也真是不容易。

睡在冰川上是种什么感觉？我们到布朗基地的当晚，在雪地里露营，体验了一把小海豹的生活，这是我们在第七大洲露营。当时居然一觉睡了九个小时——人在兴奋的状态下，其实就忘记了寒冷。

最后一次泛舟南极，是在西尔瓦海湾。那日晴空万里，蓝天如洗，南极海岸云蒸霞蔚，冰川气势磅礴，而水面如镜。眼前宛如天堂，小划子在浮冰中穿梭，天空和海面在冰川的映衬下，蓝得让人心醉。南极的倒影，天和海是一色的。浮冰本就有水下的部分，有时候看着是倒影，其实不是倒影，亦幻亦真。南极似乎果然是我们这个世界朝下的那一端，如果我们不小心保护这地球，它就会流走，而那一天就真的是世界末日。

↑ 在南极划小划子

Part - 5　这个世界如此美好　「行摄篇」